Slow Productivity
The Lost Art of Accomplishment Without Burnout

慢生产力

[美] 卡尔·纽波特（Cal Newport）著
李倩 译

中信出版集团 | 北京

图书在版编目（CIP）数据

慢生产力 /（美）卡尔·纽波特著；李倩译. --
北京：中信出版社, 2025. 7. -- ISBN 978-7-5217
-7101-5
  I. F014.1；F406.2
中国国家版本馆 CIP 数据核字第 20250FA667 号

Slow productivity : the lost art of accomplishment without burnout by Calvin C. Newport
Copyright © 2024 by Calvin C. Newport
All rights reserved including the right of reproduction in whole or in part in any form.
This edition published by arrangement with Portfolio, an imprint of Penguin Publishing Group, a division of Penguin Random House LLC
Simplified Chinese translation copyright © 2025 by CITIC Press Corporation
本书仅限中国大陆地区发行销售

慢生产力
著者：　　　[美] 卡尔·纽波特
译者：　　　李倩
出版发行：中信出版集团股份有限公司
　　　　　（北京市朝阳区东三环北路 27 号嘉铭中心　邮编　100020）
承印者：三河市中晟雅豪印务有限公司

开本：880mm×1230mm　1/32　　印张：7.5　　字数：136 千字
版次：2025 年 7 月第 1 版　　　　印次：2025 年 7 月第 1 次印刷
京权图字：01-2025-1095　　　　　书号：ISBN 978-7-5217-7101-5
　　　　　　　　　　　　　　定价：58.00 元

版权所有·侵权必究
如有印刷、装订问题，本公司负责调换。
服务热线：400-600-8099
投稿邮箱：author@citicpub.com

献给我的家人，
感谢他们每天都让我感受到放慢脚步的乐趣。

序言

1966年夏，约翰·麦克菲住在新泽西州普林斯顿附近，他躺在自家后院的一张野餐桌上，头顶是一棵白蜡树。彼时，他担任《纽约客》的专职撰稿人已经快两年了。他在2017年出版的《写作这门手艺：普林斯顿大学写作课》中回忆："我在上面躺了将近两周，仰望着头顶的枝叶，与内心的恐惧和惊慌做斗争。"[1] 当时麦克菲已经在《纽约客》发表了五篇长文，此前，他还在《时代》周刊做过七年副主编。[2] 换言之，他并非杂志界新人，但那个夏天让他瘫在野餐桌上动弹不得的文章，是他当时写过的最棘手的一篇。

麦克菲写过人物专访，比如他为《纽约客》写的第一篇特稿《感受自己的位置》[3]，跟踪报道了普林斯顿大学的篮球明星比尔·布拉德利（Bill Bradley）。他也写过研究历史的文章[4]：1966年春，他发表了一篇分为两部分的长文，追溯了橘子这种不起眼的水果的历史，发现它最早出现在公元前 500 年的中国。然而，1966 年夏，麦克菲手头的那篇文章涉及位于新泽西州南部的松林泥炭地这个宽泛无比的主题，要写的内容千头万绪。这次，他不是要写一篇重点突出的人物专访，而是要将多个角色的故事交织起来，其中要再现大量的对话，还要描写他去各处参访的经历；他也不是要概述某样东西的历史，而是要深入探究整个地区的地质、生态乃至政治背景。

瘫倒在野餐桌上之前，麦克菲花了八个月时间研究这个选题，收集的资料后来据他所说"足以装满一个筒仓"。[5] 他从普林斯顿前往松林泥炭地的次数多得连他自己都记不清了，他还常常带着睡袋，以便在林子里多住几日。他遍览相关书籍，采访了所有相关人士。现在要开始动笔了，他却无从下手。"在我看来，提笔缺乏信心是人之常情，"他解释说，"就算以前的工作进展顺利也没什么用。你的上一篇文章永远不会为你写出下一篇来。"[6] 于是，麦克菲躺在野餐桌上，仰望着白蜡树的枝叶，思考该如何将这一大堆庞杂的资料和故事整合起来。他在那张桌子上躺了两个星期，终于为自己的困境找到了出路——弗雷德·布朗。

79 岁的布朗居住在松林泥炭地深处的一间"棚屋"里，麦克菲在调研之初遇见了他。[7] 随后，他们一起在林子里逛了好些天。麦克菲从野餐桌上翻身跃起，惊觉他想在文章中涵盖的大多数话题似乎都能与布朗联系起来。他可以一开篇就介绍布朗，然后顺着他和布朗一起探险的主线，将他想探讨的话题作为枝节写出来。

灵光乍现之后，麦克菲依旧花了一年多时间才完成这篇文章。他在普林斯顿拿骚街租了一间简陋的办公室写作，楼下是家眼镜店，对门是家瑞典按摩店。他的终稿长达三万多字，分为两部分，在杂志上连载了两期。这个长篇报道堪称杰作，是麦克菲最受欢迎的一篇长文。然而，要不是麦克菲愿意搁置其他事，躺着眺望天空，苦思如何才能创作出精彩的作品，也就不会有这篇文章了。

我了解到麦克菲这种从容不迫的工作方式时，正值新冠疫情流行之初，说得委婉一点，那段时期知识工作者过得相当混乱。对生产力的追求，一直让在办公室里和电脑屏幕前埋头苦干的人倍感煎熬。而在那个令人焦虑的春天里，疫情的种种变数造成的压力，使这份长期积聚的煎熬开始沸腾。我在撰写有关科技和精力分散的文章时，经常触及生产力的问题，因此能直观地感受到这种越发强烈的反抗。"强调生产力的那套说辞，只会给我添堵，"一位读者在邮件里向我解释，"深思熟虑和把事情做好能让人产生一种深深的愉悦感……可一旦和生产力联系在一起，（对我来说）那份愉悦感就被冲淡了。"我博客上的一位评论者补充说："生产力至上的说法意味着不仅要完成任务，还要不惜一切代价。"从这些反馈中,往往可以看出疫情起到了推波助澜的作用,加剧了这些情绪。恰如一位洞察幽微的读者所言:"生产力等于完成的工作量,这个道理可以说在这次疫情期间变得愈加清晰了。那些有幸没有丢掉工作的家长,在照顾和教育小孩之余,还要完成和平时差不多的工作量。"这股反抗的势头着实令我吃惊。我爱我的读者,但一般说来他们和"情绪激昂"这个词挂不上钩。最近才变成这样。显而易见,有些东西正在发生变化。

我很快发现,这种反生产力的情绪日益高涨,不仅限于我的读者。从2020年春到2021年夏,不到一年半的时间里,至少有四本重要的出版物,直接抨击了现在流行的生产力概念。这四本书是塞莱斯特·海德利(Celeste Headlee)的《奋斗者的窘境》(*Do Nothing*)、安妮·海伦·彼得森(Anne Helen Petersen)的《躺不平的千禧一代》(*Can't Even*),德文·普莱斯(Devon Price)的《懒惰并不存在》(*Laziness Does Not Exist*),还有奥利弗·伯克曼(Oliver Burkeman)那本幽默的讽刺之作《四千周》(*Four Thousand Weeks*)。疫情期间,各种社会趋势层出不穷,相关报道铺天盖地,其中也体现出了这种对工作的厌倦。首先是所谓的"大辞职潮"。尽管这一现象实则涉及许多不同的经济领域,各行各业的劳动力参与率均有所下降,但在这些为数众多的领域中,知识工作者降低职业期望的趋势十分明显。继"大辞职潮"后，是"躺平"文化的兴起，年轻一代的劳动者开始积极抵制雇主对生产力的要求。

塞莱斯特·海德利在《奋斗者的窘境》的序言中写道："我们有着过多的工作和过大的压力，永远不知足、不满意，并追逐着不断提高的标准。"[8] 几年前，这种观点似乎还会引发争议。然而，及至疫情最严峻的时期，她无非是道出了所有人的心声。

眼见这种不满的情绪快速增长，我清楚地意识到，眼下正在发生一些重大转变。知识工作者已经筋疲力尽——被越发没有喘息的忙碌拖垮。这种趋势并非因疫情而起，疫情只是将其中最过分的行为放大到了令人忍无可忍的地步。许多知识工作者突然被安排远程办公，孩子就在隔壁房间里尖叫，他们却只能继续在Zoom（手机云视频软件）上参加视频会议。这些人不由开始怀疑："我们到底是在做什么？"

我开始在我长期撰写的专栏和我在疫情初期推出的一个播客上，广泛探讨知识工作者的不满和建构职业意义的其他方式。随着反生产力运动不断加速，身为《纽约客》的特约撰稿人，我也开始越发频繁地在报道中提及这个话题。最终于2021年秋，我主导了《纽约客》上一个名为"办公空间"的专栏，每月更新两篇文章，专门探讨这个问题。

我发现个中枝节错综复杂。大家不堪重负，但这种与日俱增的疲惫感究竟从何而来，却模糊不清。网上对这些问题的探讨催生了各种各样的说法，有些甚至相互矛盾：雇主不断提高对员工的要求，试图从他们的劳动中榨取更多价值。不，实际上是网上推崇生产力的意见领袖，让我们内化了崇尚忙碌的文化，进而变得疲惫不堪。或许我们真正见证的是"晚期资本主义"不可避免的崩溃。人们漫天指斥、发泄不满，与此同时，知识工作者仍陷在越来越深的不幸之中。形势似乎一片黑暗，但我还在不懈地钻研这个问题，一丝令人欣喜的曙光出现了，源头正是开篇讲述的那个故事。

第一次读到麦克菲一连数日仰望着后院的树叶时，我不禁升起一股怀念之情——怀念在很久以前的那段时光里，靠头脑谋生的人尚有足够的时间和空间去创作令人惊叹的作品。"要是能像这样找一份不用讲求生产力的工作，就好了吧？"我心想。但最终我意识到一个不容置疑的事实。麦克菲的生产力很高。倘使不是盯着1966年夏天他躺在野餐桌上的事，而是纵观他的整个职业生涯，你会发现这位作家迄今为止出版了29本书，其中1本获得了普利策奖，还有2本获得了美国国家图书奖提名。50多年来，他不仅为《纽约客》撰写了许多别具风格的文章，还常年在普林斯顿大学教授著名的非虚构创意写作课，他在课上指导了许多年轻作家，这些作家后来也都闯出了各自的一番天地，比如理查德·普雷斯顿①、埃里克·施洛瑟②、珍妮弗·韦纳③和戴维·雷姆尼克④。无论按何种合理的标准来衡量，麦克菲的生产力都很高，但他的工作习惯从不疯狂、忙碌或压抑。

这个粗浅的发现最终发展成了本书探讨的核心要义：也许知识工作者的问题并非源自普遍意义上的生产力，而是源自近几十年来我们对这个词的错误定义。工作"出色"就意味着要越来越忙，要更迅速地回复邮件和信息，开更多会，接更多任务，投入更多时间。正是这种信念让我们无休止地超负荷工作，日益疲乏。但仔细审视这个前提，却找不到任何可靠的依据。我开始相信还有其他方法可以提高生产力，比如不再看重排得满满当当的任务清单和一刻不停的忙碌，转而赏识麦克菲那样从容不迫的态度。事实上，很明显，像麦克菲这样的传统知识工作者的工作习惯和工作仪式不仅具有启发性，若能充分结合 21 世纪的工作现状，还能为我们提供丰富的思路，改变现代人对职业成就的

---

① 理查德·普雷斯顿（Richard Preston, 1954 年 8 月 5 日— ）：美国记者，《纽约客》专栏作家，擅长非虚构写作，代表作《血疫：埃博拉的故事》。——译者注
② 埃里克·施洛瑟（Eric Schlosser, 1959 年 8 月 17 日— ）：美国记者，擅长深入调查，代表作《快餐国家：发迹史、黑幕和暴富之路》《指挥与控制：核武器、大马士革事故与安全假象》等。——译者注
③ 珍妮弗·韦纳（Jennifer Weiner, 1970 年 3 月 28 日— ）：美国作家，电视制作人和新闻记者，代表作《偷穿高跟鞋》被翻拍成了电影。——译者注
④ 戴维·雷姆尼克（David Remnick, 1958 年 10 月 29 日— ）：美国新闻记者、作家和编辑。代表作《列宁的坟墓：一座共产帝国的崩溃》荣获 1994 年的普利策奖。——译者注

理解。

这些启示激发我重新思考我们该如何工作，最终凝缩成了一个成熟的方案，足以取代那些现在害得我们疲惫不堪的观念。

慢生产力

这个理念旨在以一种可持续和有意义的方式开展知识工作，它遵循下面三个基本原则。

1. 少做些事。
2. 遵循自然的工作节奏。
3. 执着追求质量。

在接下来的篇章中，你将看到这种理念反对忙碌，主张超负荷工作并非什么值得骄傲的勋章，反而会妨碍我们取得重要成果。它还提出，专业工作应当遵循更多样化和人性化的节奏，在多种不同的时间尺度上平衡休闲与劳动，讲求工作质量而非表演性的活动。在本书的第二部分，我将详细介绍这个理念的核心原则，从理论上说明为什么这些原则是正确的，并提出具体建议，指导你在自己的职业生活中落实这些原则——无论你是经营着自己的公司，还是在老板的密切监督下工作。

我的目标不是简单地提供一些窍门，让你工作得稍微轻松一点；也不是要替你挥起拳头，砸向那些眼见你累死累活却无动于衷的可恶剥削者（虽然我多少也会挥一挥拳）。相反，我想为你、为你的小企业、为你的大雇主提出一种全新的思考方式，以便你们重新思考工作究竟意味着什么。我想把知识工作从越发难以为继的狂热中解救出来，重建一种可持续、人性化的工作，让你无须不断自我消耗，就能够创造出足可引以为傲的成果。当然，并不是每一种办公室工作都有条件立即采纳这种更有意义的工作节奏，但我之后会详细讲到，这个理念的适用范围比你起初预想的要宽泛得多。换言之，我想向你证明，在杜绝过劳的情况下有所建树不仅可行，而且应当成为新的工作标准。

不过，还请先不要着急，我们首先要弄明白知识行业和生产力之间的关系，起初是如何变得像现在这样不正常的，一旦我们认识到了二者的关系建构得多么随便，就更容易摆脱现状。那么，现在就让我们朝这个目标迈进吧。

目录

第一部分　基础

第一章
现代工作正面临巨大的挑战　003

第二章
一个更慢的方法　020

第二部分　原则

第三章
少做些事　035

第四章
遵循自然的工作节奏　096

第五章
执着追求质量　148

结语　195

致谢　203
注释　207

第一部分

基础

第一章
现代工作正面临巨大的挑战

1995年夏,新上任的美国哥伦比亚广播公司(CBS)娱乐部主管莱斯利·莫维斯(Leslie Moonves)在电视城总部的大厅里四处走动。他对眼前的景象很不满意:正值周五下午3:30,办公室里四分之三的人都走光了。2006年媒体记者比尔·卡特(Bill Carter)所著的《拼命电视网》(Desperate Networks)一书,讲述了这一时期的电视行业。[1] 如其所述,懊恼的莫维斯就空荡荡的办公室这一主题,向员工发出了一份措辞激烈的内部通告。"难道还有人不知道,我们现在(收视率)排在第三吗?"他写道,"我猜美国广播公司(ABC)和美国全国广播公司(NBC)的员工,周五三点半都还在工作。我们不能再这样下去了。"

乍一看,这个小故事提供了一个典型的研究案例,反映出

20世纪知识行业对生产力的许多看法，比如"工作"是员工在办公室里做的一件不甚明确的事。工作得越多，成果才越好。管理者有责任确保员工完成足量的工作，要是没有这种压力，懒惰的员工就会浑水摸鱼，只完成最低限度的工作。最成功的公司拥有最勤奋的员工。

但我们是如何形成这些信念的呢？我们反复听闻这些说法，最终信以为真。可仔细审视一下，事情并没那么简单。稍加探究就会发现，在知识工作的环境中，我们对完成工作这一基本目标的认识，实际上远不似我们表现出来的那么深……

什么是"生产力"？

近年来，我们的文化对"生产力"的厌倦日益显著，我决定就这个话题在我的读者中开展一次调查。我的目标是更细致地了解促成这一变化的原因。最终，近七百人参与了我的非正式调研，参与者几乎都是知识工作者。我的第一个实质性问题很简单，只是热身而已："在你的专业领域内，大多数人如何定义'生产力'或者'生产力高'？"然而，针对这第一个问题收到的答复就让我大吃一惊。关键不在于受访者回答了哪些内容，而在于他们没有回答的东西。截至目前，最常见的回答是受访者仅仅简单地列出自己要完成的种种工作。

"为我们的会员组织提供内容和服务。"一位名叫迈克的高管答道。"兼顾布道和上门拜访教众，给予他们关怀。"一位名叫杰森的牧师说。一位名叫玛丽安娜的研究员则表示："要参加会议……开展实验室实验……撰写同行评议。"还有一位名叫乔治的工程总监将生产力定义为"完成你说过要完成的事"。

这些答案当中没有一个提到要达到的具体目标，或是区分工作好坏的绩效指标。就算提到了工作量，大家往往也只是普遍认为做得越多越好。（一位疲惫不堪的博士后解释，"不停地工作"就是生产力高。）浏览了众多调查问卷后，一个令人不安的真相开始浮出水面：尽管我们对这个词怨声载道，但"生产力"究竟是什么意思？知识工作者对此并没有一个统一的认知。

这种含混不仅体现在个体的自我反思中，也见于相关的学术论述。1999 年，管理理论家彼得·德鲁克发表了一篇影响深远的论文，题为《知识工作者的生产率：最大的挑战》。德鲁克在文章开头坦言："关于知识工作者的生产率的研究才刚刚起步。"[2] 为了扭转这一现状，他接着列出了影响知识行业生产力的六个"主要因素"，其中包括任务是否明确，是否保障持续学习与创新。和调查问卷里的回答一样，他的这些话也全是在兜圈子——泛泛地指出了一些或许能提高生产力的因素，却不提供具体的衡量标准或改进流程。几年前，我曾为一篇文章采访过巴布森学院著名的管理学教授托马斯·达文波特。我之所以对达文波特感兴趣，是因为我能找到的认真研究过知识行业生产率的学者寥寥无几，而他在职业生涯早期就曾做过这方面的研究，最终于 2005 年出版了《思考生存：如何优化知识员工的绩效和成果》一书。但这个研究课题始终难以取得有意义的进展，达文波特终究心灰意冷，转向了更有价值的领域。"大多数情况下，人们[3]不会衡量知识工作者的生产力，"他解释说，"但真要衡量，衡量的方式又相当愚蠢，比如只看学者发表了多少篇论文，不看质量。我们所处的阶段还相当初级。"达文波特已经编写了 25 本书。他告诉我，《思考生存：如何优化知识员工的绩效和成果》销量最差。

像知识工作这样一个庞大的经济行业，竟然对生产力缺乏一个实用的界定标准，很难形容这事有多不寻常。在其他大多数经济领域中，生产力不仅是个定义明确的概念，往往还是开展工作的核心。实际上，我们能取得惊人的经济增长，推动现代化进程，在很大程度上要归功于系统地落实了这一基本理念。"生产力"这个词最早起源于农业，含义也很直白。对于农民来说，某块地的生产力可以用土地出产的粮食数量来衡量。这种产出与投入的比率提供了一个标准，方便农民探索种植各种作物的方式：耕作制度越出色，耕地的单位面积产量就会越高。利用明确的生产指标，协助改进界定清晰的生产流程，听起来似乎平平无奇，但这种方法的引入实现了产能的爆炸式飞升。例如，17 世纪，正是这种以指标为驱动的实验催生了诺福克四圃式轮栽制①，田地从此不再需要休耕。许多农民的生产力一下子得到大幅提升，进而推动了英国的农业革命。⁴

18世纪，工业革命开始由英国向外扩散，早期的资本家将近似生产力的概念从农田推广到他们的磨坊和工厂。和种植农作物一样，其核心理念仍是衡量一定投入下的产量，然后尝试采用不同的生产流程来提高这一数值。农民关心的是单位面积产量，工厂主关心的则是每个付薪工时内生产的汽车数量。农民可以通过采取更合理的轮作制度来提高他们的指标，工厂主则可以通过将生产转移到连续运作的流水线上来提高指标。在这两个例子中，生产的产品虽有所不同，但促使生产方式发生变革的动力相同——都是生产力。

当然，像这样追求可量化的改进，也带来了一种众所周知的人力成本。流水线上的工作重复又枯燥，而要求个体提高每个动作的效率，更营造了一种容易受伤和疲惫的工作环境。但生产力能为这些行业创造惊人的经济增长，其余的担忧也就被置之脑后了。1913年，亨利·福特在密歇根海兰帕克有一座工厂，流水线生产对工人来说虽然单调乏味，但福特的工厂改用这种方法

---

① 最早在英国诺福克郡推行的一种耕种制度，将所有耕地分为四个耕区，每块耕地轮换种植萝卜、大麦、豆科牧草和小麦等作物。如此轮换可以提高土壤肥力，稳步增加产量，最大的特点是没有休耕地。——译者注

后，生产一辆 T 型车所需的工时从 12.5 小时缩减到大约 1.5 小时——进步惊人。[5] 十年后，美国一半的汽车都产自福特汽车公司。回报如此丰厚，令人难以抗拒。[6] 从很多方面来看，现代西方世界的经济增长就是一个生产力思维节节胜利的故事。

但到了 20 世纪中叶，知识行业异军突起，这种靠清晰、量化、规范的生产力理念来营利的做法几乎消失殆尽。事实证明，这套做法注定要遭到摒弃：以前的生产力理念虽然在农业和制造业中成效显著，却似乎并不适用于这种新型的认知工作。其中一个问题是知识工作包罗万象。20 世纪初，伯利恒钢铁公司雇用臭名昭著的效率顾问弗雷德里克·温斯洛·泰勒为他们提高生产力，泰勒假设铸造厂的每个工人都负责一项单一而明确的任务，比如铲铁渣。这样，他就可以精确测量工人在单位时间内的产出，继而设法提高这一指标。在这个例子中，泰勒最终为铸造厂的工人设计了一把更趁手的铲子，在满足每一铲运送更多铁渣和避免无效的过劳之间取得了一种巧妙的平衡。[如果你好奇，他得出铲子的最佳负重是 21 磅（9.53 千克）。[7]]

相比之下，在知识工作中，个体处理的工作任务往往纷繁复杂，还在不断变化。你可能一边给客户写报告，一边为公司网站收集评价，还在组织办公室聚会，同时修正人力资源部刚刚发到你邮箱的利益冲突声明。在这种情况下，压根儿没有明确的单项产出可追踪。即便你真有办法蹚过工作的这片泥沼，找出其中最重要的工作（类似于达文波特说过的一个例子——用教授发表多少篇学术论文来衡量生产力），也很难控制无关义务对每个人生产能力的影响。我去年发表的学术论文可能比你多，但有一部分原因是你担任了一个委员会的主席，这份工作很花时间但意义重大。在这种情况下，我真的是一个生产力更高的员工吗？

亨利·福特那种改进系统而非个体的做法，也很难在知识工作的环境中站稳脚跟。生产流程有明确的分界。在流水线发展的每个阶段，福特都能详细描述他的工厂是如何生产T型车的。相比之下，在知识行业中，如何组织和执行工作，很大程度上由个体自行决定。公司可能会统一员工使用的软件，但分配、管理、组织、协作以及最终执行任务这一整套体系通常取决于每个人自己。彼得·德鲁克在他1967年出版的重要著作《卓有成效的管理者》中指出："我们无法严密或细致地监督知识工作者，只能给他提供帮助，但他必须自己指挥自己。"[8]

知识工作机构非常重视这一建议。办公室里的"个人生产力"取代了工厂里精心设计的系统，每个人都利用自己独一无二、难以界定的工具和技巧，履行分内的职责，没有人真的知道其他人如何管理自己的工作。在这样一个无序的环境中，没有可以轻易改进的系统，也没有什么方法能比照流水线提升十倍的生产力。最终，德鲁克本人也逐渐意识到，很难在如此自主的环境下追求生产力。达文波特回想自己在20世纪90年代与德鲁克的对话时对我说:"我认为,他确实觉得这很难改进……好比让疯人院的病人管理疯人院,只能任由他们随心所欲。"

这些事实给新兴的知识行业带来了一个严峻的问题。由于没有具体的生产力指标可以衡量,也没有定义明确的流程可以改进,公司不清楚应该如何管理员工。业内的自由职业者和小型创业者越来越多,这些只对自己负责的人也不知道应该如何管理自己。正是这种不确定性,催生了一种简单的办法:用可见的活动粗略地替代实际生产力。如果你能看到我在办公室——要是远程办公的话,就是看到我频频回复邮件和工作消息——那么你起码会觉得我在做事。你看到的活动越多,就越可能认为我正在为公司的收益做贡献。同理,身为自由职业者或创业者,我越是忙碌,就越是确信自己正在全力以赴地奔向目标。

随着20世纪的发展,这种以可见活动为标准的直观思维,逐渐成了我们思考知识工作生产力的主要方式。这就是为什么我们要聚在写字楼里办公,采纳最初为避免工厂劳工身体疲劳而设定的每周40小时工作制,也就是为什么我们不查看收件箱就会感到内疚,或者看到老板在附近就会觉得很有压力,开始表现得积极主动或"装得很忙"。由于缺乏更精巧的效率衡量标准,我们也就倾向于从深层次的工作转向浅显而具体的任务,这些任务可以更轻易地从待办清单中勾掉。要是长时间的工作不能立即产生明显的劳动痕迹,就会引发焦虑。于是,无论是在邮件往来中插话，还是"秒接"电话，都比埋头制定一个大胆的新策略更安全。在我的读者调查中，一位自称"N"的社会工作者说她的工作必须做到"一整天不休息，马不停蹄地赶时间"，还有一位名叫道格的项目经理解释，做好他的工作就是"大量炮制产品"，不用管质量如何。

这种从具体的生产力到不严谨的替代式直观思维的转变，对我们接下来要讨论的问题至关重要，有必要给它一个正式的名称和定义。

伪生产力

将可见活动当作衡量实际生产力的主要手段。

我请读者定义"生产力"时，正是伪生产力这种模糊不清的理念，给他们制造了很大的障碍。伪生产力不是一个能简单解释清楚的正式系统，而更像一种氛围——通过疯狂运动营造出的看似有意义的活跃氛围。其缺陷也更加深藏不露。对于早期知识工作者来说，相比管理工业劳动的具体系统，还是伪生产力更吸引人。许多人宁愿在开着空调的办公室里假装忙碌，也不愿成天在炎热的工厂车间里冲压金属板。正如我们接下来会看到的，以伪生产力为中心的工作方式，直到近几十年才真正开始偏离正轨。而一旦发生偏离，造成的损害是相当显著的。

我们为何如此疲惫？

开篇提到的哥伦比亚广播公司的小故事，就是伪生产力的一个经典例证。莱斯利·莫维斯需要更好的业绩，于是他转动了那个最顺理成章的旋钮：要求员工工作更长时间。不过，我讲这个故事的另一个原因在于它发生的时间。20世纪90年代中叶，莫维斯发出那则气恼的内部通告时，以伪生产力为手段管理知识工作，似乎突然开始变得不可持续了，这种转变来得悄然且迅速。

情况恶化的原因是，这十年间办公室里出现了联网电脑。在这样一个以活动代表生产力的环境中，引入电子邮件（以及后来的Slack[①]等）工具后，人们可以用最少的劳动显著地表明自己的忙碌，最终不可避免地导致越来越多的知识工作者一天到晚都在不间断地传递电子消息，以尽可能快的速度疯狂地谈论工作。（"拯救时间"软件公司做过一项特别可怕的分析，数据来源于一万多名知识工作者的工作日志。结果显示，他们的研究对象平均每六分钟查看一次收件箱。[9]）随后，笔记本电脑和智能手机等便携式计算与通信设备的出现，使得这一趋势愈演愈烈。因为现在我们不仅要在工作日展示自己的劳动，晚上回家、周末陪孩子去踢球时也都需要这么做。计算机和网络开辟了许多新的可能

[①] 一个工作效率管理平台，可以在线发送消息、共享文件、召开视频或语音会议等。——译者注

性，但它们与伪生产力结合后，最终加剧了超负荷和精力分散的感觉，迫使我们与倦怠危机狭路相逢，受困至今。

在此，有必要着重介绍一下这些困境目前有多严重。例如，麦肯锡咨询公司和"向前一步"组织最近开展了一项研究，调查了六万五千多名北美员工，他们主要从事知识行业。[10] 研究发现，自述"经常"或"几乎总是"感到倦怠的人显著增加。随后，一项盖洛普民意调查显示，美国工作者是全球工作压力最大的群体之一。盖洛普首席职场科学家吉姆·哈特（Jim Harter）指出，和这些压力指标一起上升的，还有表明员工劳动强度增加的指标。他说："工作与生活之间的界限还有待调整。"[11]

然而，就算没有数据，我们也知道许多人早在自己的生活中遇到了这种情况。例如，我的读者调查里就充满了这样的个人表述——新型办公技术带来了令人疲惫的超负荷工作。一位名叫史蒂夫的战略规划师很好地总结了这种体验。

技术带来的好处似是让我们能够往自己的工作和日程中塞进更多事务，但如果想保证一定的质量，我们却没能力处理，而讲求质量其实才是做这些事的价值所在……我认为，这就是倦怠的真正可悲之处——你很看重某件事，却没有能力去做或者做好，无法投入你的全部热情、注意力和创造力，因为你还有很多其他事要做。

第一章　现代工作正面临巨大的挑战　　　　　　　　　　013

一位名叫萨拉的教授指出，这种过度活跃的现象似也悄然在学术界蔓延开来。她讲道："大量往返的电子邮件、Slack、临时安排的 Zoom 视频会议等，都让我（恐怕也让每个人）觉得实际上没有时间高质量地深度工作、思考和写作。"一位名叫迈拉的远程助手总结了她服务过的多名知识工作者的工作情况，为我们提供了一个独特的视角。她告诉我："我的客户都非常忙，经常被他们想做或要做的事情压得喘不过气，很难认清哪些事要优先处理。于是他们尽量同时做很多工作，想靠这种方式取得进展。"

这些描述中蕴含着某种绝望。塑造了工业的那套具体的生产力指标，永远无法很好地适应缺乏固定结构的知识工作环境。（我们也不希望适应这些指标，因为这种量化劳动力的方法本来就引发了严峻的人道问题。）然而，在这种含混的情况下，伪生产力似乎成了唯一可行的默认选项。这个选项与低延迟的通信工具和便携式电脑结合后，催生了一个不断扩大的活动循环。恰如迈拉的精准叙述，这种循环逼迫我们同时做很多工作——将专业的工作塞进生活的每一个角落，希望这种无休止的行动多少能产生一些有意义的东西。然而，在我们完全屈服于这等残酷的现实之前，应该重新评估一下所谓的伪生产力必然性。让我们最后再来看看哥伦比亚广播公司的故事，只要跳出莱斯利·莫维斯那强硬的管理风格所遵循的简单轨迹，就会发现要完成知识行业的工作任务，还有一种更细腻的思考方式。

有没有更好的方法？

哥伦比亚广播公司的故事的最终结局倒是振奋人心，这家陷入困境的电视台扭转了自己的命运，收视率从垫底跃升到榜首，随后许多年也一直保持领先地位。但引发这一转变的真正原因是什么？仔细研究一下就会发现，很可能与莱斯利·莫维斯要求员工延长工作时间没有丝毫关系。安东尼·祖克尔曾在拉斯维加斯的赌场担任电车司机，从他曲折的奋斗经历中，我们可以找到一个更可信的解释。1996年，26岁的祖克尔绝望地发现，他接送游客往返于梦幻酒店和金银岛酒店之间，每小时只能挣8美元。年轻时，他就展现出了很高的写作天赋，在亲友中独树一帜。现在，他却不知道该如何发挥这种才能。"在（祖克尔）人生最黑暗的时期，"比尔·卡特在《拼命电视网》中写道，"他问上帝，如果他永远没有机会发挥自己与众不同的天赋，那上帝为什么还要赐予他这种天赋。"[12]

祖克尔的命运转折始于一个做演员的朋友要去试镜，祖克尔为他写了一段独白。一位好莱坞经纪人听了这段独白后，找到祖克尔，询问他是否愿意尝试写剧本。祖克尔买了一本著名编剧悉德·菲尔德[①]的剧本写作书，然后创作了一个名为《奔跑者》的剧本，它讲述了一个滥赌的人为黑帮跑腿的故事。这个剧本最终售价不高，却足以让导演杰瑞·布鲁克海默的制片公司里的一个新部门注意到祖克尔，他们当时正计划进一步开拓电视市场。他们请祖克尔出谋划策。祖克尔喜欢看探索频道的一档真人秀《新推理探案》，受其启发，他提出了一个构想，拍一部展现侦查程序的警匪剧，类似于《法律与秩序》[②]（Law & Order），但这部剧将使用高科技手段来破案。

布鲁克海默的公司对此很感兴趣，让他写一个试播的剧本。为了打磨剧情，祖克尔开始与拉斯维加斯警察局合作。有段经历令他尤为难忘，当时刑侦组让他梳理卧室的地毯，找找线索。祖克尔拿着梳子弯下腰来，却对上了嫌犯吸毒成性的双眼，原来她藏在床底下。她用指甲挠了祖克尔，随即被现场的警察制服了。"噢，这绝对很有看头。"[13] 祖克尔打趣道。他终于准备好向电视台展示自己的创意了。"祖克尔向美国广播公司戏剧部的一群高管施展他的推销魔法，"卡特写道，"他在房间里跳来跳去，还一步跃到家具上，把他笔下的角色演绎得活灵活现。"[14] 尽管他满怀激情，但美国广播公司还是拒绝了他的提案。

---

① 悉德·菲尔德（Syd Field，1935年12月19日—2013年11月17日）：美国著名编剧、制片人，曾是好莱坞的剧本审稿人和编剧顾问。代表作《电影剧本写作基础》《电影剧作者疑难问题解决指南》等。——译者注
② 1990年开播的一部反映美国法律制度的电视剧。——译者注

如今，祖克尔全身心地追求他的理想，面对这次失败，他成立了"敢于超越"制片公司，唯一的目标便是将他的刑侦剧搬上电视。哥伦比亚广播公司的高管妮娜·塔斯勒对该剧表露兴趣后，祖克尔又将试播的剧本改写了三遍，力求达到可以播出的水准。塔斯勒将修订后的剧本拿给莫维斯过目，莫维斯不是很感兴趣，这个项目就搁置了。祖克尔和塔斯勒继续想办法。他们联系了一位著名的电视导演比利·彼得森，他给莫维斯写了一封信，热切地举荐了祖克尔的电视剧。莫维斯读了这封信后，终于被说服了——哥伦比亚广播公司将出资试播。

然而，尽管如此，这个项目依然举步维艰。试播集拖延了很久才拍摄完毕，哥伦比亚广播公司的诸位高管利用午餐时间预览了试播集，认为它显然还是不够出色。特别是莫维斯，他觉得故事情节很难理解。"你们得再下点功夫，重新制作。"[15] 他说。团队急忙重新剪辑了这一集。他们的时间很紧迫：为了让节目在秋季播出，必须先在几个月后的一个前期活动中呈现给广告商。哥伦比亚广播公司在公布秋季节目表的最后期限之前，召开了一次调度会，直到最后一刻，才终于决定播出这部剧。最终，莫维斯不得不在祖克尔的项目和托尼·丹扎的喜剧《荷姆伍德私家侦探》之间选一部出来在周五晚上播出——这是最后一个播出空档。他凭直觉选择了祖克尔。事实证明，这个决定意义重大。祖克尔的项目最终定名《犯罪现场调查》，几个月后，在 2000 年秋季一播出便大受欢迎。再加上哥伦比亚广播公司该季度的另一个节目《幸存者》也红得发紫，公司的收视率一下子跃升到首位。[16]

哥伦比亚广播公司翻盘的具体经过，有助于我们对比不同的生产力理念。莫维斯试图靠鞭策员工加倍工作来挽救电视台。然而，最终起关键作用的却是一个古怪的创意天才不懈的努力，他为灌溉一个理想花了三年多时间，一次又一次地尝试创造出一些别有价值的东西。① 无论在类型还是强度上，安东尼·祖克尔付出的劳动都远比莫维斯对员工的要求更多元。祖克尔不会每天出现在办公室里，也不会出席没完没了的会议，展示自己的敬业。在创作《犯罪现场调查》的过程中，有很长一段时间祖克尔表现出来的可见活动很少，而其他一些更忙碌的时期调和了这一点。但要是放宽时间尺度，以年为单位来看，他的生产力不容置疑——比如，他在1999年休息了一个月，但最终在2000年拯救了整个电视台，谁还在乎他之前休假呢？

就像约翰·麦克菲在野餐桌上等待谋篇布局的灵感一样，祖

---

① 当然，还有一点值得注意，祖克尔的创造性劳动最终能够变现，也离不开哥伦比亚广播公司高管妮娜·塔斯勒的大力支持。但塔斯勒的巨大贡献与熬夜工作或表现得很忙没有丝毫关系。相反，她主要是发挥了自己的创意直觉，这种直觉来源于长期积累的经验。这些行动才是他们最终大获成功的关键，而不是夸张地展现自己的工作态度。

克尔的努力也揭示了什么叫有意义、有价值的工作，这种工作不必疯狂地忙碌。相反，像他们那样工作，会在更长远的时间尺度上显出奇效，这种奇效源自他们的工作节奏。相比充满高科技的伪生产力要求人一刻不停地工作，他们的节奏姑且可以谓之缓慢。

第二章
一个更慢的方法

1986年,麦当劳宣布计划在罗马的西班牙广场开一家新的大型餐厅,可容纳450余人就餐,店址靠近西班牙阶梯。许多意大利人对此表示不满。市议会的人企图阻止餐厅开业,时装设计师瓦伦蒂诺在那一带设有工作室,他认为,汉堡的味道会玷污他的高级时装。"最令人担忧的是我们的生活日益美国化。"[1] 电影导演卢西亚诺·德·克雷申佐(Luciano De Crescenzo)谴责道。市长也专门组建了一支垃圾清理队,负责收拾随地丢弃的汉堡包装纸,他认为这些包装纸很快就会充斥街头巷尾。

正是在这种动荡中,一位老练的活动家兼记者卡尔洛·佩特里尼(Carlo Petrini)发起了一场新运动,他称之为"慢食运动"。该运动的名称表明了它的目标。[2]

有些人——准确说来,是绝大多数人——将效率与疯狂混为一谈，为此我们提供了一剂疫苗，也就是缓慢而悠然地享受适量美食带来的感官之乐。

我们的慢食运动当然从厨房开始。让我们重新发现本地美食的丰富多样和香浓馥郁，摆脱"快餐"的单调乏味。

意大利其他地方也开始涌现慢食分会。该组织推广"慢餐"，提倡使用当地应季的食材，与他人共同进餐分享美食。一段时间后，他们开始追求更多相关目标，如在当地文法学校开设地方饮食文化课，努力保护维苏威杏这样的传统食物，这种可口的杏子出产于意大利南部坎帕尼亚地区。[3]1996年，慢食运动在都灵组织了第一届美食沙龙，支持当地的饮食传统和手工业者。该活动每两年举办一次，目前吸引了超过20万名游客，他们可以品尝到1 500多个摊位上的美食。[4]如今，慢食运动已在160个国家设立了慢食分会。

表面上看，慢食运动似乎很小众：一群怀旧的美食家聚在一起，痴迷地探索意大利杏究竟有多少种烹饪方式。一直以来，我每每想到这个运动，都有这种感觉。然而，我开始努力探寻知识工作和伪生产力的问题后，卡尔洛·佩特里尼倡导的餐桌上的慎重，却以一种惊人而重要的方式影响了我的思考。

慢革命

我第一次涉足慢食运动的世界，是因为"慢"这个字吸引了我，它似乎捕捉到了伪生产力所缺失的一切。我了解这场运动的基本故事——麦当劳、罗马、慢悠悠地享受晚餐，我认为在为快节奏的工作方式寻找替代方案时，慢食运动或许是个有益的类比。然而，深入了解佩特里尼后，我发现慢食运动不仅仅涉及饮食，还体现了两个深刻而新颖的理念。许多不同的尝试都可以运用这两个理念，最终组织一场应对过度现代化的改革运动。

第一个理念是提出有吸引力的替代方案。2003 年，迈克尔·波伦[1]发表了一篇论述慢食运动的文章，他深刻地总结道，早在 20 世纪 80 年代，卡尔洛·佩特里尼就已经"对左翼同志无精打采的阴沉样深感失望"。佩特里尼认为，义正词严地指出一个体系的缺陷，虽然能给个人带来一时之满足，但要想实现可持续的变革，就需要提出一个积极向上、令人愉快的替代方案。佩特里尼并没有简单地写一篇措辞严厉的专栏文章抨击麦当劳腐蚀餐饮文化，相反，他提倡与食物建立一种有吸引力的新型关系，让快餐相形见绌。佩特里尼解释说："相比享受人生，为他人牺

---

[1] 迈克尔·波伦（Michael Pollan，1955 年 2 月 6 日— ）：美国作家，行动主义者，著有论述工业化食物链和西方饮食习惯的书籍，如《为食物辩护》《杂食者的两难》等。——译者注

牲自我更有违人性。"[5]

与慢食运动交织在一起的第二个理念是，从久经时间考验的文化创意中汲取力量。行动主义总是诱使人提出全新的想法，因为其中含有对理想解决方案的追求。然而，佩特里尼认为，要为快餐找一个有吸引力的替代品，最好的办法就是从传统饮食文化中汲取营养，这些文化发展至今早已历经数代人的反复试验。慢食运动不仅提倡延长用餐时间，还推广在意大利农村绵延好几个世纪的集体用餐方式。它不仅支持使用新鲜的食材，还推荐你曾曾祖母做过的菜肴。佩特里尼认为，历经残酷的文化演进后还能流传下来的传统，更有可能流行起来。

2003年，波伦在文章中坦言，他最初对这场运动的怀旧色彩心存疑虑。他在文章开头写道："我以为，慢食主义者好似古董鉴赏家，他们对食物体系之争的影响，就像马鞭收藏者对越野车之争的影响一样微不足道。"然而，深入了解佩特里尼的创新行动主义后，他的态度发生了转变。慢食运动之所以回溯过去，并不是为了逃避现实，而是为了寻找有助于重塑未来的理念。波伦继而放下了最初的疑虑，承认这场运动"极大地影响了围绕环保主义和全球主义的争辩"[6]。

为存在问题的方案寻找替代方案，从经过时间检验的传统中寻求解决办法——只要将佩特里尼开展改革运动的这两大核心理念抽出来考虑，就不难看出它们显然不仅适用于饮食。凡是无序的现代主义与人类体验冲突的情形，都可以运用这两个理念。慢食运动取得初步成功之后，许多新兴的慢运动都证实了这一点。这些后继运动旨在应对不假思索的匆忙给其他文化要素造成的伤害。

2004 年，记者卡尔·奥诺雷出版了《赞美缓慢》(*In Praise of Slowness*) 一书。正如他在书中记录的那样，第二波慢运动包括同样起源于意大利的"慢城运动"，该运动注重让城市变得以行人为中心，支持本地企业，推崇各个方面都变得更加友善。此外还有"慢医运动"，旨在促进对人的整体关怀，而非仅仅关注疾病；"慢教育运动"，旨在让小学生摆脱重大考试和竞争分班的压力。最近还兴起了"慢媒体运动"[7]，旨在用更可持续、更高质量的信息替代"标题党"式信息。还有越来越多的写实电影被冠以"慢电影"之称，这些电影主要不是叙事，而是用对人类现状的深刻洞察来回报观众长时间的观影。"很多人最初以为，慢运动的理念只属于一小部分讲究吃喝的人，"佩特里尼的家乡布拉市的市长解释说，"但现在，它已经演变成一场更广泛的文化探讨，看看以一种更加人性化、不那么疯狂的方式行事，能带来哪些益处。"[8]

慢食，慢城，慢医，慢教育，慢媒体，慢电影——所有运动都建立在一个新颖而有效的策略上，也就是从久经时间考验的传统智慧中，为忙碌的现代生活提炼出一个更慢、更可持续的替代方案。在报道知识工作的过程中，我对这些理念有了更深入的了解，继而水到渠成地产生了一个想法：为对抗工作负担过重带来的不人道，我们真正需要的或许是，先从一个更慢的角度重新解读什么叫高效，而非义愤填膺地鄙夷和草率出台新政策。

寻找更好的方法

疫情结束后，一个有趣的动态是，知识工作的运作方式迎来了一次大变革的机会。2020年春，线上会议和居家办公这些颠覆性的避险方式，打破了知识行业一贯的自我陶醉。公共卫生事件的影响逐渐消散后，许多格子间里的办公族不由得开始思考，将来还可能发生哪些重大变故。

员工和老板就重返办公室的问题产生了争执，我们可以从中看到这种新态度的影子。2022年春，苹果公司首席执行官蒂姆·库克宣布，员工每周必须到库比蒂诺总部上几天班，这迅速引发了员工的激烈抗议。苹果公司员工组建的"苹果职工联盟"给库克写了一封公开信，要求公司"别再把我们当小学生，什么时候去什么地方、做什么家庭作业，事事都要管"[9]。接下来几个月，碍于这种抵制，库克一再推迟要求员工重返办公室的计划。2023年，距离库克的计划宣布整整一年后，这场斗争仍在继续。[10] 最近，库克公开扬言要惩罚那些还不肯返回办公室的员工。"那些失望的苹果公司员工争论的不仅是通勤问题,"我在为《纽约客》撰写的一篇报道这场斗争的文章中写道,"他们主要是利用疫情引发的动荡来质疑现代工作场所的诸多不合理假设,他们是这场运动的先锋。"[11]

实行每周四天工作制的呼声越来越高,也折射出人们近来对这些重大变革的关注。2023年2月,英国公布了一项大规模试点研究的结果,该研究追踪调查了60多家试行缩短工时的公司。据英国广播公司(BBC)报道,结果"非常好",超过90%参与研究的公司声称他们将继续采用试行的制度,起码目前不会调整。[12] 在美国,加利福尼亚州国会议员马克·高野(Mark Takano)提议立法,正式将《公平劳动标准法》规定的每周标准工时从40小时减少到32小时。尽管他的法案没有获得支持,但像大型零售商劳氏和众筹平台Kickstarter等公司已在自主试行缩短工时。[13]

人们突然对围绕工作场所的实验感兴趣,不仅可喜,而且必要,因为如今知识行业的工作方式在很大程度上已经僵化,全是传统和惯例,其中一些惯例缺乏依据,还有一些则借鉴截然不同的古老工种。然而,目前引起轰动的种种提议还是让人觉得有所欠缺。维持远程办公或缩短工时,有助于缓解伪生产力带来的部分最糟糕的副作用,对解决根本问题却收效甚微。这些提议就好似为了应对快餐文化的发展,直接要求麦当劳把餐点做得更营养一些——虽然有助于减轻快餐对健康的危害,却根本没有动摇促使人习惯匆忙用餐的文化。

正如卡尔洛·佩特里尼教我们的那样,应对知识工作者面临的职业倦怠危机,更可持续的办法是提出一种有吸引力的替代方案。要做到这一点,就不能单纯设法限制伪生产力,而是要对生产力的含义提出一个全新的解释。毋庸置疑,难点在于落实这种替代方案的细节。这正好可以用到佩特里尼的第二大理念:从久经时间考验的文化创意中汲取力量。如果我们通俗地认为知识工作就是坐在办公楼里对着电脑打字,可能会觉得这种纯属现代的活动很难借鉴传统智慧。为了在佩特里尼提出的慢框架下找到出路,我们不妨参考以下这种更宽泛的表述。

知识工作(一般定义)

这是一种经济活动,旨在借由认知劳动,将知识转化为具有市场价值的产品。

这个定义不仅涵盖了标准的办公室员工,如计算机程序员、市场营销人员、会计师、行政人员等,还涵盖了早在格子间时代来临之前就已存在的许多其他认知职业。譬如,根据这个定义,作家、哲学家、科学家、音乐家、剧作家和艺术家都是知识工作者。当然,这些传统认知职业往往比标准的办公室工作更超脱一些——专业音乐家或文艺复兴时期靠人资助的科学家在规划自己的工作时,无疑会比人力资源协调员拥有更大的灵活性和选择权。因此,我们很容易出于对特权的鄙夷而拒绝研究这些案例。(我现在就能预见有些读者会说:"有洛伦佐·德·美第奇①买单一定不错吧!")将他们排除在外,虽然能获得一时的心理满足,但鉴于我们的目标很宽广,这么做有害无益。正是这份难得的自由使得传统知识工作者对我们的项目来说很有意义,因为他们才有时间和空间去实验和探索,什么样的方法最有助于大脑持续创造出有价值的东西。当然,大多数人无法直接复制约翰·麦克菲的具体工作方式。但我们不是要找一张可以完全依葫芦画瓢的蓝图,而是要从这片独特的领域中提炼出一般性的理念,运用到有更多实际限制的 21 世纪知识工作之中。我们可能无法整整两周都躺在后院的野餐桌上,但这个故事隐藏着一个重要启示,即在处理一个棘手的项目时,放慢脚步做足准备是何等重要。传统知识工作者享有我们无法享有的特权,但只要克服了这种落差感,我们就能在他们的经验中找到生产力这一概念的基石,从而让自己的工作变得更加可控。

一旦你开始在传统知识工作者中寻找麦克菲式慢工作习惯,

---

① 洛伦佐·德·美第奇(Lorenzo de' Medici, 1449 年 1 月 1 日 — 1492 年 4 月 9 日):美第奇家族为艺术和公共事业花费了大量金钱,热爱艺术赞助和收藏。洛伦佐本人生活在意大利文艺复兴最鼎盛的时期,自己也是个艺术家。——译者注

就会发现各种各样的例子。比如艾萨克·牛顿在剑桥大学北部的乡村研究微积分，还有一位名叫安娜·罗宾坎的雕塑家，在网上发布了一段精心剪辑的视频，里面记录了她如何在伦敦南部一个简洁实用的工作室里创作雕塑。[14] 她的工作室开门便是一个静谧的庭院，院里绿树成荫。（发来这段视频的读者将邮件的标题命名为"深度工作的典例"，我很认同。）还有一个特别有趣的消遣是，探查那些著名的小说家都喜欢找些什么千奇百怪的地方躲起来写作。我稍后会细说，《大白鲨》的作者彼得·本奇利在一家造炉厂的后堂写下了经典的惊悚小说，而玛雅·安吉罗则喜欢用手肘撑在酒店的床上，在信笺簿上写作。[15]

到 2022 年初，我终于准备好将所有想法整合起来，运用卡尔洛·佩特里尼慢运动的框架解决伪生产力造成的问题。我在那阵子发表了一篇文章，文中我给这套新理念起了一个名字——慢生产力。这是我依据灵感来源起的一个顺理成章的名字，此后也一直沿用。

一套新理念

本书第二部分致力于阐述慢生产力的理念——一个知识工作者可以用来组织和执行工作任务的替代框架，避免伪生产力带来的匆忙和不断增加的工作量。我的目标是提供一种更加人性化和可持续的方式,将专业工作与美好生活融为一体。换言之,慢生产力就是要重新定位你的工作,使之变成意义的源泉而不是纯粹的负担,同时仍能创造有价值的产出。

为了更好地理解其中的内容,让我们回归最初出现在序言里的那个正式的定义。

慢生产力

这个理念旨在以一种可持续和有意义的方式开展知识工作,它遵循下面三个基本原则。

1. 少做些事。
2. 遵循自然的工作节奏。
3. 执着追求质量。

这个理念的核心是三个基本原则。因此,本书第二部分包括三个篇幅较长的章节,每章讲述其中一个原则。这几章开篇我都会提出相应的主张,并说明为什么要想实现我们的目标,追求可持续的工作,这些主张至关重要。说明理由后,我会提出一系列建议,详细阐述如何在标准知识工作面临的复杂现实中,具体地实施这些原则。你可以在这个部分找到具体的建议和策略,然后根据自身的职业环境,自主进行调整。每一章还包括一节题外

话，旨在对已经提出的观点进行自我反思和批判。我增加这一节，是为了强调这套理念新颖而复杂，不是每个人都能以相同的方式践行这套理念。我希望你能将自己独一无二的经历融入这些主张中，从而孕育出属于你的独特见解和结论。

本书第二部分忠实地践行了卡尔洛·佩特里尼的构想，从不同领域、不同时期的传统知识工作者的生活中汲取了丰富的故事和实例。比如，你将读到简·奥斯汀、本·富兰克林和伽利略的故事，还有乔治亚·欧姬芙、林-曼努尔·米兰达和玛丽·奥利弗这样更现代的人物。我将从这些故事中汲取灵感，然后根据现代工作的实际情况，提出更实用的建议。不过还请注意，这些故事传达的思维方式和心态也别具价值。效仿佩特里尼的做法后，我深信，要向大家介绍"摆脱职业倦怠、取得工作成就的失落艺术"，最好的方法就是让诸位沉浸在那些成功者的故事里，他们成功地围绕这一目标建构了自己的生活。

不过，在深入探讨这些细节之前，我想向诸位保证，慢生产力并不是要你放弃自己的抱负。在自己的工作中表现出色，创造出有用的东西，能获得极大的满足。慢生产力的理念是，要为取得这些成就提供一条更可持续的路。例如，很少有人知道艾萨克·牛顿实际上花了多少年（二十余年）才形成了其代表作《自然哲学的数学原理》包含的所有思想。人们只知道他的书一出版，就永远改变了科学。牛顿的思想价值绵延至今，但他不慌不忙的构思过程早已被人遗忘。慢生产力既能让人创造千古流传的成就，又能让人以更人性化的节奏工作。

虽然本书总体上讲的是知识工作的生产力，但它特别针对那些在工作中拥有一定自主权的人，因此无疑还适合自由职业者、个体户和小型创业者。在这些工作环境中，伪生产力并非源自老板的要求，而主要来源于自我规定，因此存在广阔的个人实验和探索空间。不过，我设想的受众还包括那些虽然为大集团工作但工作方式仍享有很大自由的人。例如，作为一名教授，我就属于后一类人。再如产品设计师，在准备给团队带去一个新点子的过程中，其劳动实际上也是隐形的。还有完全的远程工作者，他的产出只能进行粗略的追踪。

那些在办公室工作且受到严密监督的人，可能更难全面实施我提出的策略。那些工作高度结构化的人也是如此，例如医生要严格遵循患者的预约时间表，还有对于刚入职的律师助理，他们积累的计费工时是工作的主要评价指标。我并不是说这些知识工作是慢生产力永远无法改革的角落（参见我在本书结尾处对这场运动的展望），只是每场革命都需要一个起点，而重新思考生产力的概念意义重大，优先考虑那些有条件进行自我实验的人显然更明智。

带着这些目标和注意事项，我们现在就进入正题……

第二部分

原则

第三章
少做些事

慢生产力的第一原则

1811年10月下旬,伦敦一家报纸刊登了一则广告,宣传"一位女士的新小说"。广告中没有注明作者的名字,但次月又刊登了一则后续广告,这位作者有了一个更具体的称呼——A女士。[1]这本书就是《理智与情感》,这位匿名的作者当然就是简·奥斯汀,这是她的首部作品。十多年来,奥斯汀创作了一系列手稿,如今她似乎一下子将它们悉数打磨定稿,成就了许多惊世之作。《理智与情感》开启了奥斯汀辉煌的创作历程,长达五年而不衰,在现代文学史上可谓绝无仅有。紧接着,奥斯汀迅速创作了《傲慢与偏见》《曼斯菲尔德庄园》,最后于1815年创作了《爱玛》。两年后,她便去世了,年仅41岁。[2]

奥斯汀的生产力为何如此高?一个广为流传的解释是她掌握

了偷偷写作的技巧,她的社会地位给她带来了许多分心劳神的义务,而她则会抓住每一个空当猛写一通。这个说法源自奥斯汀的侄子詹姆斯,1869年,奥斯汀去世50多年后,詹姆斯为他姑姑创作了一本维多利亚时期朦胧含蓄的传记,以帮助更多读者了解她的作品。在这本回忆录的第六章中,詹姆斯留下了下面这段令人印象深刻的描述。

> 她没有独立的书房可以避人,只能在起居室完成大部分写作,必然会受到各种突如其来的打扰。在这种条件下,她还能做到这一切,真令人惊讶。她小心翼翼,不让仆人、访客或任何外人察觉她在写作。她用小纸片写作,这些纸片可以迅速收起来,或者用吸墨纸盖住。杂役间和起居室的前门之间,有一扇可以双向开启的平开门,一打开就吱嘎作响;但她不肯让人来维修这个小毛病,因为这样一有人来,她就能知道。[3]

这位胸怀大志但备受妨碍的淑女,偷偷摸摸地施展着自己的才华,这个故事仿佛是直接从奥斯汀的小说中走出来的。这种相似性很能博人好感,难怪这个传闻流传至今。除了解读奥斯汀的早期著作,这个传闻还一再出现在现代著作中,例如梅森·柯里2013年出版的《创作者的一天世界》。[4] 1929年,弗吉尼亚·伍尔夫也在《一间自己的房间》中复述:"然而,门的铰链嘎吱作响,简·奥斯汀却很高兴,这样她就可以在有人进来之前把手稿藏起来。"

这个故事可以有多种解读。例如,伍尔夫以此来论证她对性别角色和思想自主的看法。还有些浅显的解读,将其奉为坚持梦想的崇高体现。但是,从生产力的角度来看,詹姆斯对他姑姑的描述一下子便有些令人不适了。它认可的生产模式似乎是,想要取得更好的成果,就得见缝插针地往你的日程安排中塞进更多工作。它暗示着,你之所以写不出"自己的《理智与情感》",是因为你不愿尽可能地多做些事。奥斯汀利用没完没了的社交拜访之间的一点间隙,在起居室里用碎纸片写作,那么你为什么不能早上5点就起床,或者好好利用你的午餐时间呢?

然而,仔细研究奥斯汀的生活,很快就会发现她侄子所说的偷偷写作存在问题。现代的奥斯汀传记引用了更多原始资料,揭示出真正的简·奥斯汀并不是一个楷模似的拼命三郎,而是一个截然不同却更有说服力的研究案例,体现了一种更慢的生产方式。

18世纪末,简·奥斯汀成长于英国汉普郡的史蒂文顿村,她家本质上是个小农场,平日里有乳牛要挤奶,有家禽要饲养。他们自己烤面包,酿啤酒。夏天,家里的小孩会耙干草,煮果酱,做果冻。秋天,还要帮忙收割。奥斯汀的父亲是教区的牧师,在她还是个小女孩时,父亲就把他们住的牧师公馆变成了一所临时男校,要照料和抚养六个上蹿下跳的男孩,家务越发繁重。

我并不是说奥斯汀家是严格意义上的工人阶级。正如克莱尔·托马林在1997年出版的传记《简·奥斯汀传》中所说,他们身处一个"伪绅士"的社交世界里,构成这个世界的"家庭都渴望按照绅士的价值观生活,却没有像样的土地或家族遗产"。[5]但显而易见,奥斯汀的成长经历并不似她书中的人物那样,每天只需待在一个一应俱全的起居室里接待访客,自有仆人准备丰盛的饭菜。奥斯汀有活儿要干。虽然她读起书来如饥似渴,在父亲的鼓励下很小就开始涉足写作,但她忙于打理家务、农场和学校,无暇认真钻研写作。

1796年夏天,奥斯汀的父亲决定关闭他们在家开办的男校,这彻底改变了他们的生活。托马林写道:"(从此)备餐、洗衣、清洁和整理床铺等工作都减少了。"[6]奥斯汀的担子一下子轻了不少,她自此进入了一个生产力"惊人"的时期。她在楼上的书桌上写作,晚上向家人朗读她的草稿,她创作的这些初稿最终成了她的三部重要小说。正如托马林强调的那样,奥斯汀之所以能找到她的文学风格,是因为她有条件"将自己从日常生活中抽离出来"[7]。

1800年,奥斯汀的父母似乎毫无预兆地决定扔下他们在史蒂文顿的家,搬去温泉小镇巴斯,奥斯汀这段无事一身轻的生活就此戛然而止。接下来十年，奥斯汀经常搬家，不断适应着从一个新家到另一个新家的转变。她肩上的担子也越来越重，一直照料着生病的父亲，直至他逝世。这段时期，奥斯汀停止了写作，用托马林的话来说，她无法建立"工作节奏"。

若非1809年的一个重大决定极大地改善了奥斯汀的创作环境，世界可能就无法见识奥斯汀的才华了。度过十年动荡不安的生活后，奥斯汀及其母亲、姐姐卡桑德拉，还有她家的旧识玛莎·劳埃德定居于宁静的乔顿镇，住在一栋简陋的小屋里，挨着镇上主要的交叉路口。这栋房子附属于一座大庄园，庄园主是奥斯汀的哥哥爱德华。他从奥斯汀家的远亲那里继承了这片土地，他们没有子嗣，多年前就指定由爱德华继承遗产。

奥斯汀的家人经历前些年的混乱与考验后已筋疲力尽，决定尽量远离乔顿的社交场合，从而获得她们急需的休憩，这一点对奥斯汀的工作至关重要。做出这个决定并不容易。这个小镇差不多都归奥斯汀的哥哥所有，而她哥哥就住在离这条路只有几百米远的一座恢宏的庄园里，这意味着她们有很多社交机会。但奥斯汀一家并不感兴趣。"她们不去舞会，也很少宴请，"托马林写道，"大部分时间都沉浸在自己的私生活中。"[8]

奥斯汀的母亲已年过七旬，常穿着工人的工服在小屋的花园里侍弄花草，镇上的居民见了都觉得好笑。还有一个同样重要的因素是，她们形成了一种默契，将奥斯汀家最小的女儿从剩下的大部分家务中解脱出来。奥斯汀负责为家人准备早餐，但除此之外，她就可以自由写作。托马林解释说："这样，只要卡桑德拉和玛莎在家，她就不用做家务了。"⁹

隐居在乔顿小屋的这段日子里，奥斯汀一下子近乎奇迹般地摆脱了大部分家庭和社会责任，十多年来首次获得了真正有利于创造性思考和工作的空间。就是在这里，她挨着一扇可以俯瞰马路的窗户，坐在一张简陋的写字台前，最终完成了《理智与情感》和《傲慢与偏见》的手稿，然后开始创作《曼斯菲尔德庄园》和《爱玛》。

奥斯汀的侄子把奥斯汀的故事讲得更加喜闻乐见，说她是个忙碌的淑女，穿戴整洁地端坐在客厅里，备受打扰却抓住空当疯狂工作，但实际上，奥斯汀在乔顿度过的那段非凡岁月与之大相径庭。① 奥斯汀的故事据实说来，不是在美化一种自己偷偷摸摸制造的忙碌，而是在提倡一种与此相反的方法。生活忙碌时，奥

---

① 约翰·罗纳德·瑞尔·托尔金身上也有一个有趣的例子，与简·奥斯汀在起居室里高效工作的传闻异曲同工。托尔金的传记作者雷蒙德·爱德华兹（Raymond Edwards）说，公众普遍认为，第一次世界大战期间，托尔金跟着队伍置身地狱般的战壕中，却在战火纷飞中为他的《失落的传说》（*Book of Lost Tales*）写下了第一个故事。这本书是他第一次尝试创作神话，后来成了他著名的幻想杰作。如爱德华兹所说，托尔金本人后来"指出要在那种条件下持续进行文学创作，根本是无稽之谈"，并称这种说法形同"恶搞"。真实情况是，托尔金在英国一家医院治疗战壕热，进入康复期后他才开始写《失落的传说》。医院的环境类似奥斯汀在乔顿小屋的环境，托尔金也发现自己一下子有了许多闲暇。Raymond Edwards, *Tolkien*（Ramsbury, UK: The Crowood Press, 2022），96.——作者注

斯汀无法进行创作。只有当环境和人为因素让她卸下大部分担子后,她才能完成最好的作品。

这个故事告诉我们,少做些事可以取得更好的成果,推翻了我们现代人对活动的定见。我们总认为争取多做些事可以让我们拥有更多选择,创造更多获得奖励的机会。但请记住,忙碌的简·奥斯汀既不快乐,也没有创作出传世之作,而轻松自在的简·奥斯汀在安静的乔顿小屋中称心如意地写作,这才改变了英国文学。

事实上,精简是我们这套新理念的重中之重,我正式将它奉为慢生产力的首要原则。

原则一:少做些事

努力减少你不得不履行的义务,直到你预计自己可以有宽裕的时间做完这些事。负担减轻后,利用这个机会更充分地投入最重要的少数项目,推进它们。

毫无疑问,这些要求解释起来很容易,实际执行起来却很难。在你的职业生活中,忙碌似乎不可避免。不仅客户要找你,经理也会用数不清的要求淹没你。即使你是一个完全自己掌控时间的个体户,也会为了收入打消减少工作量的想法。对收件箱总是塞得满满当当的知识工作者来说，简·奥斯汀在乔顿小屋的书桌前长时间写作的生活，简直像是可望而不可即的海市蜃楼。

本章的目标就是要说服你不要放弃对精简工作的憧憬。只要你愿意创造性地思考该如何选择和安排自己的工作——甚至在某些时候不惜激进一点——那么大多数现代工作环境都可以实现精简。接下来，我将详细说明为什么和奥斯汀在维多利亚时代创作小说一样，追求精简也有益于现代的知识工作，而且是可以实现的，然后我将详述实施慢生产力这项首要原则的具体策略。

从乔顿小屋到办公室隔间：为什么知识工作者应该少做些事

2021年春，汇丰银行的项目经理乔纳森·弗罗斯迪克（Jonathan Frostick）在家里远程办公时心脏病发作。我们之所以知道这件事，是因为随后他在领英（LinkedIn）上发布了一张躺在医院病床上的照片，并附上了他的六个决定，表明如果他能活下来将如何改变自己的生活。这篇帖子迅速走红，在网上引发了近30万条评论，就连国际媒体也报道了此事。

弗罗斯迪克事件引起了我的注意，因为他列出的六个决定当中的第一个就是："我不会再整天泡在Zoom上。"弗罗斯迪克后来在彭博社的采访中解释说，疫情第一年，他花在视频通话上的时间越来越多。结果，他的工作时间开始变长。"以前我会在下午5点到6点30分之间合理地结束工作，但现在我发现自己要一直劳累到周五晚上8点，即便想着要为周一做些准备，也没有时间，"他说，"于是我开始在周末工作。"[10] 弗罗斯迪克并不是唯一觉得那段时期日程安排过于紧张的人。微软发布的一份工作趋势报告显示，疫情第一年，开会时间增长了2.5倍，即时聊天信息和电子邮件的接收量也在激增。该报告总结称："上班族每日的数字化工作强度大幅增加。"[11]

毋庸置疑，大多数知识工作者根本不需要统计数据，就能感受到这一趋势，毕竟他们亲身经历过。2020年末至2021年初，我开始频频听到读者抱怨他们差不多一整天都耗在接连不断的视频会议上，而在会议间隙，工作沟通信息又几乎一直响个不停。人们报告的情况如此糟糕，我将那段时期称为"Zoom大灾难"。因此，也难怪乔纳森·弗罗斯迪克心脏病发作后，在康复期做的一个主要决定就是逃离视频会议的地狱。然而，对实现我们的目标来说，最重要的任务是搞清为什么会发生这种情况。

在知识工作中，如果你同意承担一项新工作，无论是小任务还是大项目，它都会持续带来一定的间接行政开支。例如，为收集信息来回收发邮件，安排会议与合作者协调工作。一旦你接下新工作，立马就要支付这种间接费。随着要办的事越来越多，你支付的间接费总额也越来越大。由于一天只有那么多个小时，这些行政事务会越来越多地占用你的核心工作时间，从而降低你完成目标的速度。

如果工作负荷适中，这种影响可能只是令人觉得挫败：大家普遍感觉，完成工作所需的时间比预计的时间长。然而，随着工作量的增加，你支付的间接费终将达到一个临界点。超过这个临界点后，后勤工作将占据你的大部分时间，你之前的任务都还没来得及完成，新任务就已接踵而至。这种反馈循环很快就会失控，致使你的工作量越来越大，直至你发现自己一整天都在处理行政事务——你将在电子邮件和聊天信息持续不断的提示音中，参加一个又一个会议。最终，唯一的解决办法就是临时安排加班——在晚上、清晨或周末解决之前堆积的工作，拼命避免功亏一篑。你忙得不可开交，却几乎什么也没完成。

这种动态正是"Zoom 大灾难"的写照。为理解个中原因，让我们更深入地看看像乔纳森·弗罗斯迪克这样的知识工作者在疫情期间迎来了什么变化。这场公共健康危机对不同的经济行业产生了不同的影响。就知识工作而言，最显著的障碍是大家都变成了远程办公，为此一下子涌现了大量新任务，这些任务的关键在于调整我们的工作方式，方便在办公室外工作。例如，身为一名大学教授，我记得疫情刚暴发的那个春天，我一直忙着想办法把我的课程搬到网上。我买了一个便宜的平板电脑和电子触控笔，以便在 Zoom 的虚拟白板上涂写，给学生授课，但我发现 Zoom 的这项技术并不完善，所以我尝试了各种能使用苹果触控笔的应用程序，直至找到一个好用的。后来，我还不得不学会使用 Canvas 课程管理软件，方便接收学生提交的电子作业。单独来看，这些新任务算不上什么大事，但它们总是出现得猝不及防，给人一种紧迫感。其他许多知识工作者也有类似的体验。疫情倒也没有让他们淹没在新工作中，却似乎骤然提高了他们要支付的间接费。

转变成远程办公也降低了协作效率，要支付这种新的间接费更耗时间了。如果我们在同一栋大楼里工作，而我要找你问一个项目上的问题，我可以等到你办公室的门开着的时候，过去短暂地聊个 5 分钟。相比之下，如果我在家工作，我们或许就要在 Zoom 上安排一次会议，受大多数数字日历的格式所限，我们可能都需要留出起码 30 分钟的时间。2020 年，我在一篇论述远程工作成本的文章中写过："远程工作会更难组织这种临时的协调，决策开始变得拖沓。"[12]

虽然间接费的数量和总额增长得并不多（比如，我确实不得不为了授课而学习新技术，但我并不需要完全从零开始筹划我的课程），但这些微不足道的增长足以让许多人像乔纳森·弗罗斯迪克那样，被逼得超过间接费的临界点，深陷令人心力交瘁的无数后勤负担之中，这正是"Zoom 大灾难"造成的最惨境地。

第三章 少做些事

这一观察结果至关重要，不仅在于它让我们认清了我们在疫情期间的工作状况，更在于它向我们揭示出这些突发事件降临前夕我们是如何工作的。2020年春，刚开始向远程办公转变时，许多知识工作者的工作量已经逼近了间接费的临界点，也就是在多少能跟上工作进度的前提下，支付他们所能支付的最大间接行政开支。但凡最后再出现任何一件意想不到的棘手之事，就能颠覆他们的职业生活。随着疫情影响的消退，我们从"Zoom大灾难"中逃了出来，许多人似乎又回到之前那种危险的边缘，只能勉强完成足量的工作，生怕碰上一个额外的要求或紧急情况而再次失去控制。

不劳运营专家，我们也能得出结论：与间接费临界点进行这种胆小鬼博弈，以此安排自己的职业生活，简直称得上疯狂。为具体说明这一点，我们来看一组简单的数字。假设你负责撰写报告，交给公司销售。再假设，完成一份报告需要专心致志地工作七个小时，而你负责撰写的每一份报告，每天都会产生一个小时的间接费（电子邮件、会议、其他消耗心力的事务）。[①] 在这个假想实验中，如果你一次只全神贯注地撰写一份报告，完成后才

[①] 不断膨胀，尽可能多地占据可利用的时间，是间接费的一个关键特征。只要是你已经接下却还未完成的项目，都会持续以进度会议、即时的邮件交流和消耗心力的形式产生负担。——作者注

会开始写另一份，那么你完成报告的速度就是一天一份（假设你每天工作八个小时）。然而，倘若你决定同时撰写四份报告，那么维持这四项任务所产生的综合间接费，将吞掉你半天时间用于处理各种后勤杂事，因此你完成一份报告的时间实际上增加了近一倍。在这个例子中，少做些事才能多出些成果。

不过，少做些事的好处不仅在于增加了可用于有益活动的时间，更在于提高了这些时间的质量。要是推进一个项目时，不必手忙脚乱地拆东补西、四处救火，你就会广泛尝试，享受更多可能。也许你有能力发掘一个巧妙的新商业策略，设计一个精巧的算法，或者想出一个大胆的广告宣传活动，但要是处在注意力分散的状态下，你便无法做到这些。生理学和神经学都对这种效应做出了一些枯燥的解释，比如日程安排满得不可思议时，皮质醇会束缚你的思维能力，还有激发大脑神经元之间丰富的语义联系需要时间。但我们其实不需要科学来说服我们，毕竟我们都深有体会：不慌不忙的时候，大脑更灵光。

现在，我们已经驳倒了对慢生产力首要原则的一种常见误解：人们很容易误认为"少做事"就等于"少成事"。这种理解刚好本末倒置了。无论你清单上的任务是堆积如山还是寥寥无几，你每周的工作时间都差不多。任务的多寡只会影响这些时间产生结果的效率。我们可以从中找到一个主要论据，以解释为什么少做些事对现代知识工作者和简·奥斯汀一样重要。这不光是因为超负荷工作会让人筋疲力尽、难以持久、痛苦不堪（尽管这些都是事实），更是因为少做些事可以改进我们的工作表现——不仅体现在心理上，也体现在经济和创造力方面。集中精力处理少量任务，先完成手头的每一项任务，再开始新的工作——这种方式能更好地运用我们的大脑，创造出更有价值的成果。

但事到如今，还有可能减少工作量吗？知识工作的文化似乎大多围绕着以越来越高的"效率"应付越来越多的工作，即使少做些事在理论上很合逻辑，但在现实中似乎是个无法实现的目标。换言之，在开始探索落实这一原则的具体策略之前，我们必须说服自己，这种方法完全适用于现代工作场所。

初次了解乔纳森·弗罗斯迪克的故事，还有他所总结的"Zoom大灾难"的普遍趋势后，我对这些事件的一个核心谜团深感困惑：为什么这么多知识工作者的工作量最终都恰好处在间接费临界点的边缘？我们完全可以想见还有别的情况，比如大多数工作者都远离这个边缘，能够轻松地揽下突如其来的新任务；或者还有一种相反的情况，大家都像弗罗斯迪克那样精疲力竭，不断陷入超过临界点的循环中。但我们看到的情况并非如此。大多数有幸能在一定程度上掌控自身工作的工作者，比如知识工作者、小型创业者或自由职业者，虽然往往会避免承担过多工作，以免崩溃倦怠，但他们往往也不愿只承揽合理的工作量。他们处在自己所能持续支付的间接费最高点，这个位置似乎是所有配置中最糟糕的位置，因为它会持续引发工作太多带来的痛苦，却又使这种痛苦刚好可以承受，不必想办法改进。

我发现，许多人探讨这些问题时，大多采用传统冲突理论框架中的观点，认为我们之所以会过度工作，是因为管理者或企业主等剥削实体，试图从我们的劳动中榨取尽可能多的价值。然而，这些框架最初是在受到严格控制的工业制造业中发展起来的，后来扩展到了计时服务业等行业，但要应用到具有一定自主性和模糊性的知识工作上，就算往好了说也很勉强。如果你靠电脑谋生，那么未必会有一个拿着秒表、不惜一切代价要完成生产指标的管理者给你分配任务，相反，你的任务可能来自四面八方——同事、人力资源部门、客户。此外，正如我刚才所言，脑力劳动的动态有别于体力劳动。在工厂里，强迫员工加班或许势必产生更多利润。但在知识工作中，强行增加员工的工作量，则可能会降低他们的工作效率和工作质量。假设我们的工作量完全由一个大权在握的管理者决定，他一心只寻求利润最大化，那么我们的工作量其实很可能会变少，这乍听起来似乎有些矛盾。

认清知识工作基本不受控制的这种特性后，我们终于找到了谜团的答案：自我调节。知识工作者如何决定什么时候该对不断狂轰滥炸的各项要求说不呢？在现代办公环境中，他们往往默认依据压力直观地进行调节。如果你拒绝参加一个 Zoom 会议，就要付出一定的社会资本，因为你多少会给同事造成一些小小的伤害，还可能让人觉得你难以合作或者生性懒惰。但要是你的工作量已经多得让你倍感压力，这种代价就变得可以接受了：你确信自己就快忙崩溃了，从而为你拒绝参加会议提供了心理掩护。你需要感受到足够的痛苦，才会觉得自己有理由对别人说不，给别人造成痛苦。

毫无疑问，像这样以压力为指针的问题是，你要一直等到自己的工作量濒临不可承受的边缘，才会开始拒绝接受新任务。由此，你将始终置身于这个疲惫的临界空间，距超过间接费临界点只有一步之遥。这就是为什么许多知识工作者总隐隐觉得不堪重负，也是为什么一旦出现意料之外的岔子，我们就很容易陷入彻底的职业倦怠。这种胡乱管理工作的方式，使得我们总是有太多事要做，岌岌可危。

看透这一点，对我们落实慢生产力的第一原则很有帮助。如果我们过度工作的根源，从某种意义上来说，只是我们管理工作的古怪方式的一种副作用，那么我们就有望找到更好的选择。事实上，在我为本书所做的读者调查中，我看到许多知识工作者虽然从事着忙碌的工作，但他们仍旧发现他们不仅可以在职业生活中少做些事，而且正如我们预料的那样，他们这么做之后，工作得更快乐、更出色。

例如，一位名叫劳拉的教练称，她精简了自己的业务，将提供的服务缩减到只剩几项重要服务。"自从这么做之后,"她告诉我,"我的头脑更加冷静,与客户互动的质量更高,工作质量也提高了。"由于提高了工作质量,她现在虽减少了工作时间,收入却保持不变。讽刺的是,劳拉坦言,她最初减少工作,其实是为了更好地平衡生活的其他方面。她的收入最终一点没减少,实在是个意外之喜。

一位名叫贾森的法学教授也跟我讲了一个类似的故事,他决定"缩小关注范围",最终获益匪浅。一年前,他暂停了他平素写学术论文的"疯狂节奏",转而专注于一个重要案件,他是该案的专家证人。"我专心致志地准备庭审报告,为经受住敌意证人规则和交叉询问制度做了充足的准备,结果发挥出了我职业生涯中迄今为止的最好表现,"他说,"我针对这起案件做了一些初步的学术报告,收到的反馈前所未有的积极,引发轰动。"换言之,贾森决定暂时不给自己增加任务,换来了职业生涯上的飞跃。

一位名叫奥里莉亚的老师厌倦了基础教育普遍存在的超负荷问题,于是私底下给自己制定了一条明确的准则:"我再也不做没有报酬又不属于我工作范畴的事了。"她划定了这条新的底线,却并没有招来什么不好的后果。事实证明,许多侵吞她时间的"杂事",其实并没有那么紧急。一位不愿透露姓名的资深顾问告诉我,他的公司实施了一项政策,给顾问分配非计费工时,供他们自由支配,他的职业生涯由此迎来了转变。"这改变了我的生活，"他解释道，"我得以学习和开拓新的领域……它让我重新投入我的工作领域……让我想起我当初为什么喜欢这份工作。"一位名叫尼克的土木工程经理辞去了一份每周工作 60 小时的累活儿，转而选择了一份每周工作 30 小时的工作。后者的工作职责要明确得多，使得他能将工作量控制在一个更好管理的范围内。"我发现，虽然我的工作时间比以前少了一半，但由于精力更加集中，我完成的工作量竟和以前差不多。"他无比惊讶地解释道。

我们已经证实，超负荷工作并非知识工作的本质。相反，超负荷工作主要是我们管理自身工作量的方式过于粗放引起的副作用。我们还进一步证实以最大工作量埋头苦干，会大大拖慢有意义的工作，因为我们的日程安排会被行政琐事吞没，我们的注意力也会被拆得七零八碎，根本无法进行创造性思考。无论是 18 世纪的简·奥斯汀，还是 21 世纪盯着电脑屏幕的我们，少做些事都是做好工作的关键。

然而，光是认识到这一点，还不足以支撑你完成职业生活的转型。伪生产力的种种要求仍然定义着知识行业。对还没看透这些的人来说，决定减少工作量，可能意味着好逸恶劳，缺乏职业道德。为了在这个充满会议邀请和电子信息的工作环境中成功转型，获得乔顿小屋式的自由，我们需要采取更加谨慎和巧妙的应对方法。接下来，我们就来重点看看更具体的方略。

建议：限制大事

如何才能实现慢生产力的第一原则——少做些事？为寻找解答这个问题的灵感，不妨先来看学术领域一个著名的简化案例：数学家安德鲁·怀尔斯[①]对费马大定理的求索。17世纪，法国博学家皮埃尔·德·费马[②]率先提出这个数论问题，它看似简单，数百年来却一直无人攻克。[③]科普作家西蒙·辛格[④]的《费马大定理：一个困惑了世间智者358年的谜》深稽博考，令人过目难忘。书中详细记述了该定理论证的来龙去脉，一开篇便充满戏剧性。这个故事始于20世纪60年代的一座图书馆，10岁的安德鲁·怀尔斯在一本书中读到了费马大定理。他深受吸引。"这个问题，我一个10岁小孩都能理解，"他对辛格说，"从那一刻起，我便知道我决不会放弃，一定要攻克它。"[13]

[①] 安德鲁·怀尔斯（Andrew Wiles，1953年4月11日— ）：英国数学家，现任牛津大学皇家学会研究教授，专攻数论，于1994年初步证明费马大定理，1995年又进一步完善了自己的论证，正式发表于《数学年刊》（Annals of Mathematics），后荣获1995年和1996年的沃尔夫奖。——译者注

[②] 皮埃尔·德·费马（Pierre de Fermat，1601年8月17日—1665年1月2日）：法国律师，有业余数学家之王的美誉。1637年费马在《算术》一书的空白处信笔写下了他的一个猜想，却因篇幅受限，没有写下论证过程。此后三百余年，许多数学家都试图证明他的这一猜想，也就是费马大定理。——译者注

[③] 为免有读者好奇，在此列出费马大定理的一个等价命题：当整数n大于2时，等式$a^n+b^n=c^n$中的a、b、c没有正整数解。——作者注

[④] 西蒙·辛格（Simon Singh，1964年— ）：英国科普作家和理论物理学家，著有《大爆炸简史：一场伟大的比赛，赛场就是宇宙本身》《费马大定理：一个困惑了世间智者358年的谜》《数学大爆炸》等著作。——译者注

时间跳转到 1986 年，怀尔斯已是普林斯顿大学的数学教授，他在研究椭圆曲线的算术理论方面取得了初步突破，足可跻身当代最杰出的数论家之列。就在这时，故事迎来了天神降临般的转机。怀尔斯得知，一位名叫肯·里贝特[①]的数论家发现费马难题与一个晦涩难懂、极其专业的猜想——谷山-志村猜想之间存在惊人的联系。里贝特证实，只要证明谷山-志村猜想成立，就能证明费马大定理也成立。

　　怀尔斯吃惊不已。原来，谷山-志村猜想在很大程度上与椭圆曲线理论是相通的。怀尔斯早在 10 岁时就立志有朝一日要攻克费马大定理，如今他一下子成了全球最有可能做成这件事的人。"我激动万分。那一刻，我知道我的人生轨迹正在发生转变，"他说，"这意味着我儿时的梦想如今成了一项值得追寻的事业，我就知道，我决不会放弃。"[14]

　　安德鲁·怀尔斯与慢生产力的联系就在于，做出这个主宰命运的决定后，他将自己的全部精力悉数集中于这唯一的追求之上。恰如辛格总结的那样，这位年轻的数学家立即开始削减他不得不做的事。

[①] 肯·里贝特（Ken Ribet，1948 年— ）：美国数学家，任教于加利福尼亚大学伯克利分校，他的研究为怀尔斯证明费马大定理立下了汗马功劳。——译者注

怀尔斯放弃了所有与证明费马大定理无关的工作，也不再参加没完没了的学术会和座谈会。由于在普林斯顿大学数学系还有教职，怀尔斯仍会出席研讨课，给本科生授课和辅导课业。一有机会，他就会回家，躲进阁楼的书房里潜心工作，避开做老师的种种琐务，以免分神。[15]

当然，还有发论文的问题。身为普林斯顿大学的教授，自然要发论文。为了避免引来不必要的关注，怀尔斯想了个办法，辛格称之为"一招诡计"。20世纪80年代初，怀尔斯大部分时间都在默默准备一篇研究椭圆曲线理论的"重磅论文"，本打算最终发表一部万众瞩目的鸿篇巨制。现在，他改变了策略。为争取时间攻克费马大定理，他决定把这篇几近完成的论文拆开，每半年左右发表一篇小论文。辛格解释说："这些表面上的产出能让他的同事以为，他仍在从事平常的研究。"[16]

怀尔斯于1986年开始认真攻克费马大定理。五年来，他经常在阁楼的书房里秘密工作，有计划地避开大型项目和其他义务。20世纪90年代初，他已越来越接近成功，这时他开始重新参加一些探讨椭圆曲线的会议，用时下的新技术更新他的数学工具。之后，他在牛津大学谋到了一个客座研究教授的职位，从而更容易集中精力做自己的事。（之所以设置这类职位，就是为了让人摆脱其他义务，深入思考一些难题。）最终，1993年，也就是他开始致力于此的八年后，怀尔斯在剑桥艾萨克·牛顿数学科学研究所举办了一系列讲座，展示了他对谷山－志村猜想的完整证明。他的最后一次讲座上，演讲厅后面挤满了媒体，他们提前从一些与会者那里听到了风声。完成证明后，怀尔斯打趣道："我想我就讲到这里吧。"紧接着，相机的闪光灯便闪成一片。

除非你是数学系终身教授，否则安德鲁·怀尔斯为减轻工作量所采取的具体措施或许没有太大借鉴意义。不过，对我们的探讨有帮助的，其实是他的那套一般性方法。为准备好全身心地投入一个有意义的大项目，怀尔斯限制了许多占用他时间的追求和义务。关键在于，他是在有计划地缩减这些事务。他并不只是笼统地下个决心，要少揽些事。相反，他设定了具体的规则（比如不参加会议）、习惯（比如尽可能在家工作），甚至还有计策（比如一点一点地发表他已经完成的研究）——所有这些都是为了最大限度地减少分散精力的大事。

第一个建议表明，你应该效仿安德鲁·怀尔斯制订一个系统的计划，限制自己职业生活中的重大事务。实现这一目标的方法很多。在接下来介绍的策略中，我将概述一种我认为特别有用的具体方法，即同时限制不同层面的工作，从你的首要使命到你正在推进的项目，再到你的日常目标。

比起单独限制某一个层面的工作，同时有意识地在这三个层面上都设下限制，更有可能取得成功。比如，你要履行多项主要的专业职责，你就很难限制由这些职责带来的项目。同理，如果你手上有太多项目，你就很难避免你的日程表变得满满当当。接下来，我将介绍三个限制策略，每个策略分别针对一个工作层面。

限制职责

"职责"一词听起来很宏大。考虑到我们的目标，不妨降格，给它一个更务实的定义：任何能左右你职业生涯的长远目标或工作。安德鲁·怀尔斯的职责就是解决费马大定理。同样，获得拨款、高效管理人力资源、制作新的创意简报、编写精巧的电脑程序，无不是职责。它们最终决定了你的工作精力会放在哪里。你很容易让自己的职责不断扩大，毕竟新定一个宏伟目标的那一刻，总是令人激动不已。但一旦揽下职责，就要付出努力。如果你职业生活中的上层任务过多，那么你将不可避免地面临繁重的工作量。因此，要想成功落实慢生产力的第一原则，就必须从减少你的主要目标着手。

我们很难明确职责的最佳数量，但一般来说，总是宁少毋多。只专注于一项追求固然浪漫，但通常唯有最纯粹的创作领域才能达到如此单纯的地步，比如住在基韦斯特的海明威，只在每天清晨用他的科罗娜打字机写作。除此之外，两三项职责其实也很容易驾驭，而且依然精简。例如，我大学主修计算机科学，毕业时与兰登书屋签订了图书出版协议，我便决定将我的工作重心放在这两项职责上——学术研究和写作。直至被聘为助理教授后，我才不得不增加第三项职责，即认真处理无关研究的必要学术事务，包括课堂准备和监督学生。履行三项职责依然符合慢生产力的理念，特别是小心把控的话（这一点详见下一条建议），但说实话，我很怀念只有两项职责的那种纯粹，也对仅有一项职责的生活垂涎三尺。

反过来说，要是需要兼顾的职责多达五项以上，你就很难不觉得窒息，仿佛淹没在无尽的工作中。乍听起来，似乎要承揽很多目标才会出现这样的问题，但其实随着时间的推移，你要做的事会在不知不觉间增多，这轻易得超乎你的想象。例如，我朋友珍妮·布莱克在她 2022 年出版的《空闲时间》(*Free Time*) 一书中提到，她的小型咨询和培训业务在不断扩大。直到有一天，各项工作弄得她疲惫不堪，她梳理了一下，发现自己有十多种不同的收入来源，她说这是她"多年来勇于尝试留下的遗产"[17]。再高明的时间管理或精简策略，也无法让人驾驭十项职责要求的工作。

在累得开始幻想"要么中个彩票，要么把一切付之一炬"后，布莱克意识到要想过上可持续且有意义的职业生活，她必须精简自己的工作。她大幅削减了收入来源，将员工减少到只剩下三名兼职工。现在，她平均每周工作20个小时，每年休假整整两个月。当然，如果布莱克忙碌一点，承担更多的任务，她或许能赚更多的钱。但是，当你享受着每周20小时的工作时长时，就顾不上这些可能性了。

限制项目

要履行职责，就要发起"项目"，我用这个词指代一切与工作相关、无法一次性完成的行动。有些项目你只需要做一次就结束了，比如更新网站上的产品销售文案。还有些项目则是持续性的，也就是说，它们没有明确的停止点，会不断触发，比如回答客户的支持性问题。项目会产生许多占用你工作时间的具体任务。因此，限制各种项目是限制整体工作量的关键。

要实现这个目标有一个粗暴的办法，就是扮演一个性情古怪、反应迟钝的人，最终迫使你的同事将他们的请求和任务转移到别处去。我曾在《深度工作》一书中指出，荣获诺贝尔奖的理论物理学家理查德·费曼就是运用这套方法的典范。在《深度工作》中，我特别摘录了1981年费曼接受BBC节目《地平线》采访时的一段内容，当时他是加州理工学院的教授。

要想真正做好物理工作，你无疑需要绝对充裕的时间……需要高度专注……如果你还有管理之类的工作要做，你就没有时间。

所以，我为自己编造了另一个流言，那就是我不负责任。主动不去负责。我跟所有人说，我不会揽下所有事。"[18]

然而，即使像费曼这样素以古怪著称的人，要维持这种反社会的伪装也并非易事。有件事我在《深度工作》中没有提到，在费曼接受《地平线》采访半年后，时任美国国家航空航天局代理局长威廉·格雷厄姆给他打了个电话。格雷厄姆是费曼以前的学生，想说服他加入"挑战者号"航天飞机灾难的总统调查委员会，这件事戳破了费曼不负责任的保护罩。费曼最终帮忙明确了"挑战者号"爆炸的原因：航天飞机上的O形环密封圈冷却到一定温度以下后，失去了弹性。在委员会的电视听证会上，费曼对这一问题做出了著名的演示——他将O形环密封圈丢进一杯冰水中。这成了一个标志性的事件，使得这位年迈的物理学家在晚年又一次名声大噪。

尽管费曼在委员会的工作中大获成功，但不可否认的是，他的周密计划也由此宣告失败，他终究参与了无关职业生活的项目。"务必时刻注意不要负责，" 1986年，费曼在接受《洛杉矶时报》采访时说，"但是我失败了！总统调查委员会这个事出现时，我大意了。我违背了自己的原则。"[19] 看来，想要不被打扰，光是变得油盐不进，并不是一个长远的法子。你能无条件地拒绝别人的次数有限，否则你要么会丢掉工作，要么会被认为有个靠不住的牛脾气而遭到排斥。

于是，为了限制项目，我们还剩下一个更细腻一些的处理方式：搬出你实际可用的时间，用这一有力而无可指摘的事实说服对方。当然，一旦有人要你做什么事，你就不清不楚地推托说太忙，这招恐怕迟早会失效。"大家都很忙，"别人可能会说，"但我真的很需要你去处理这件事。"相反，如果你能给别人留下这样一种印象——你很会管理自己的时间，懂得如何将自己的忙碌量化——你就更有可能躲开这些新工作。比如，你说："至少在接下来的三周内，我找不出足够的空余时间来处理这个事，更别说我还有其他五个项目等着要提上日程。"别人就很难反驳你，除非他们不惜质疑你的计算，或者要你加班加点地满足他们的要求。

为了让你的话可信，我建议在策划一个新项目时，先估算要花多少时间，然后腾出相应的时间，标记在你的日程安排上。像安排会议一样，把这些时间预留出来。如果你无法轻松地在近期的日程中找到足够的空闲时间来安排这项工作，那你就没有时间完成它。要么拒绝这个项目，要么取消其他事情把时间腾出来。这种方法的好处在于，你可以直接看到你实际还有多少可用的时间，而不是直觉地认为你现在有多忙。

你不必永远用这种方式预先安排你的项目。这个策略执行一段时间后，你会形成一种直觉，你大致知道什么时候能承担多少事，不至于过度消耗你的时间。往后，你就只需监控当前的项目总数就行，一旦超过自己的限度，就推掉新工作——当然，在异常忙碌的时期，可以根据需要做出调整。

这种方法旨在防止你揽下太多压根儿没有时间去处理的工作，即便你能完成，将工作日的每一分钟都填满项目，仍然可能导致一种背离慢生产力理念的忙碌。要解决这个问题，可以限制你花在项目上的工作时间（还记得珍妮·布莱克每周只工作20个小时吗），还可以在预估的时候多给自己一点时间，确保你可以游刃有余地完成你接下的工作。下一章着重介绍遵循自然的工作节奏，我将会进一步细述这些方法。就目前而言，这个策略的重点在于，不管你如何定义这种状态，都要始终对你的日程表有着清晰的把控，将你的工作量控制在合理的范围内。我们的一种误区是，很难对别人或者自己说不。但实际上，如果你有确凿的证据表明，拒绝才是唯一合理的答案，那么说不就没那么难了。

限制日常目标

我们已经来到限制策略需要考虑的最细微的工作层面，即你决定在当天的工作中推进哪些项目。我的建议很简单：每天最多只做一个项目。说明一下，我的意思并不是让这一个日常项目成为你当天唯一的工作。你可能还需要开会、回邮件、处理一些琐碎的行政事务（我将在接下来要提到的"控制小事"的建议中，更详细地讨论这些小任务)。但要是涉及在重大项目上花费精力时,每天应只专注于一个目标。

我从我在麻省理工学院的博士生导师那儿学到了这种限制日常工作的原则,她既是分布式算法理论研究的奠基人,也是一位高产的学者。看到我来回切换着钻研多篇学术论文,或者在同一天里既要写书又要思考一些计算机科学上的问题,她常常觉得不可思议。她喜欢一次只专注于一个项目,完全沉浸其中,直至她可以彻底放手去做下一个项目。我以前认为,每天只做一件重要的事这种缓慢的工作方式,会拖我后腿。年轻时,我迫切渴望一展抱负,总想尽量同时多做些事。

毫无疑问,我错了,她是对的。每天只处理一项主要工作,有种一步一个脚印的踏实感。既能真正积少成多,又能缓解焦虑。这种节奏当下看起来可能很慢,但把目光放长远些,想想数月的积累终会修成正果,就会发现这种顾虑其实很狭隘。二十多岁念研究生时,我还太年轻,意识不到这一点,但如今我已切实领悟了其中的智慧。

建议:控制小事

在一本宣扬慢生产力的书中,选择以本杰明·富兰克林为例,似乎很反常,毕竟他的工作态度是出了名的严苛。例如,在自传中，富兰克林谈到为了给自己刚刚起步的费城印刷店造势，他有意让人看到他们比竞争对手更加班加点，店里的印刷机经常运转到午夜乃至更晚。"邻里都能看到我们的勤劳，我们渐渐赢得了一些美名。"[20] 他写道。建立起自己的核心印刷业务后，富兰克林进一步扩大了他的商业活动，发行了一份报纸——《宾夕法尼亚公报》。之所以创办报纸，部分原因是他担任着费城邮政局长这一吃力不讨好的职位，能够提前掌握一些新闻资讯。

推出《宾夕法尼亚公报》三年后，富兰克林又开始涉足图书出版，印刷并发行了《穷理查年鉴》，这套书也很快风靡一时。为开拓更多收入来源，富兰克林在其他地方为他的印刷店开设了两家特许经营店：第一家在南卡罗来纳州，第二家在纽约市。这种复杂的商业部署需要富兰克林给每家店找一个印刷商负责经营，而他则负责提供资金和技术，获取利润分成。在此期间，富兰克林开始每天列表，写下他想要培养的优良品质。[21] 不出所料，其中一项品质就是"勤劳"，富兰克林在自传中将其定义为"不浪费时间"和"时刻做些有用的事"。可以想见，在他的列表中，这一行肯定一直能被他打钩。

然而，这种将富兰克林视为忙碌之神的观点，却忽略了一个更多面的故事。虽然他的职业生涯确实始于超负荷工作，但他并非一直保持着这种状态。传记作家 H. W. 布兰兹指出，富兰克林步入三十多岁后，开始感到倦怠。"富兰克林的部分问题在于，"

布兰兹写道,"他渐渐把自己绷得太紧了。"[22] 就是在这个时候,富兰克林做出了一个意想不到又鲜为人知的转变,他开始追求慢生产力。

一个偶然的机缘让富兰克林认识到了缓慢的价值。事情的缘起是富兰克林决定开设第三家印刷特许经营店,店址位于西印度群岛,主理人是一个名叫戴维·霍尔(David Hall)的英国印刷助理。1744 年,霍尔从伦敦长途跋涉横跨大西洋而来,途中患上了肝炎,抵达费城后,他就因肝炎引发的黄疸病倒了,这彻底打乱了原本的计划。富兰克林做出了一个重大决定,在霍尔康复期间,先留他在费城店工作。结果,富兰克林十分赏识霍尔的印刷技术,最终放弃了派他去西印度群岛开店的计划,反而决定让这位新员工永远留在当地。布兰兹写道:

> 霍尔成了富兰克林的领班,他处理起门店的事务来既熟练又高效,就算挑剔如富兰克林,也挑不出任何错来。印刷业务开始为他这个老板带来更多利润,但他投入的时间少于以往。[23]

摆脱了经营一项复杂业务带来的种种行政琐事后,富兰克林转而逐渐将精力放在更高远、更吸引人的项目上。在霍尔来费城后的四年间,富兰克林推广了他的高效木柴壁炉,在费城组织了一支公民民兵。

1748 年，富兰克林为保障他新获得的这些自由时间，采取了一项重大举措，他将霍尔从领班升成了全权合伙人。富兰克林把所有商业运营上的琐事都交给了霍尔，与他平分利润。恰如布兰兹所言，此举大大削减了富兰克林的潜在财富。他不仅放弃了一半的年利润，还放弃了进一步拓展业务——倘使富兰克林这位天才商人继续参与业务运营，提出新方案，开发新市场，他的业务本可以持续增长。

但是富兰克林乐于用金钱换取时间，去追求更有意义的项目。事实上，这段时期，富兰克林的书信中随处可见这份新自由带来的喜悦之情。1748 年，他在给伦敦一位朋友的信中写道："我正在清算我的旧账，希望很快能完全掌控自己的时间。"[24] 接着又详细阐述道：

> 我正顺利步入一种没有多余任务的状态，只用做自己想做的事，享受那些带给我极大幸福感的事，例如阅读、学习、做实验，以及与人深入交流……谈论一些或许能造福人类的话题，不再受生意上的操劳与疲惫打扰。

事实证明，富兰克林对未来生活的积极展望很准确，他之后的生活确实没有"任务"和"生意上的操劳与疲惫"。1748 年，他开始痴迷于研究电学理论。一年前，富兰克林在波士顿的一场演示会上，首次了解到电这种鲜为人知的现象。从日常的行政管理工作中解脱出来后，富兰克林旋即在这一领域取得了进展。短短几年间，富兰克林就提出了正负电荷理论，发明了电池，制造了一台简易的电动机。

不过，他最重要的理论是将闪电视作一种电学现象，不仅从自然的角度清楚地解释了从天而降的闪电，还为闪电容易造成的各种问题，找到了一个简单的解决办法——避雷针。同时期的一系列实验均证实了富兰克林的理论，比如一组法国研究人员在暴风雨中将避雷针架设在一座高塔上，还有一个实验则是富兰克林著名的风筝实验。富兰克林因此一举成名，享誉全球。拜声名鹊起所赐，不久后，富兰克林被推选为宾夕法尼亚州议会议员，首次真正涉足州级政治。[25] 后来的故事我们都耳熟能详。

本杰明·富兰克林在殖民时代经历的这场中年危机，对现代读者来说，最值得关注的地方是，他认为减少职业生活中小事带来的影响，才有余暇去追求更大的目标。富兰克林或许是最早领悟这一点的人，但他绝不是最后一个。例如，苏格兰犯罪小说家伊恩·兰金（Ian Rankin）也描述过日常琐事的冲击，琐事常常使得他无法专心写作："一会儿电话响，一会儿门铃响，还不得不去采买，或者有紧急邮件要回。"他说这些琐事缠身的日子好似"在浑油里艰难跋涉"。兰金的解决办法是,他在位于苏格兰东北海岸黑岛上的克罗默蒂镇找了一栋远离人烟的房子隐居,这栋房子就相当于他"雇用的戴维·霍尔"。他细述道:我北上后,就在顶楼的一个房间里写作。如果天冷,我就点燃柴火炉。如果出太阳,我就经常出去散步,然后在傍晚或夜间写作。写不下去或遇到问题的时候,散步往往能让我豁然开朗。[26]

伊迪丝·华顿[①]也唯恐小事妨碍她实现大志。华顿在伯克郡恢宏的蒙特山庄住了九年,其间她坚持遵循一套严格的日常作息,以免频频登门的访客打搅她写作。早上醒来后,她会坐在床上,放一个写字板在膝盖上写作,一直要写到起码11点。有些报道称,她会把写好的纸稿扔到地上,之后秘书会收集起来,用打字机打出来。午餐前,来客都需要自己打发时间,因为华顿不想被打扰。1905年,她在一封信中写道:"就算是最轻微的日常打扰,也会彻底搅乱我。"[27]

我喜欢收集这些抵御干扰的精彩故事。这些故事无不令我心向往之,就算故事中的具体做法难以实现,叫人啼笑皆非。雇用

[①] 伊迪丝·华顿(Edith Wharton,1862—1937):美国女作家,曾获普利策文学奖和诺贝尔文学奖提名,代表作《纯真年代》《欢乐之家》等。——译者注

戴维·霍尔、去苏格兰一座偏远的岛屿上隐居、自己在床上写作把家务统统交给仆人，这些建议我们大多数人轻易效仿不了。[①]但是，我们不应该忽视这些故事背后的动机。小任务只要数量够多，就会像蚕食生产力的白蚁一样，动摇你努力打下的整个根基。因此，多花些功夫制服它们是值得的。

定下这个目标后，接下来我将介绍一系列更实用的策略，帮助你掌控职业生活中的小任务。我之前也探讨过控制任务的问题。例如，在我的《深度工作》一书中，有一章名为《摒弃浮浅》，探讨的正是这个话题。我在文中建议大家采用划分时间块的方法，更好地安排自己的时间，[28] 这种策略由富兰克林首创，可以将浮浅的任务与更深入的工作区隔开来。我还建议大家撰写条理清晰的电子邮件，尽量避免来回发送些不必要的信息，五年后我又出版了《没有电子邮件的世界》(*A World Without Email*)，更为详尽地阐释了这个目标。我还在大量文章和播客中，围绕这些书籍深入探讨过相关话题。

我在本书中整理出来的策略，形如一个百里挑一的精选集，

[①] 如果你想从一个发人深省的批判性视角，了解帮助本杰明·富兰克林扶摇直上的具体环境和特权，那我推荐你阅读吉尔·莱波尔（Jill Lepore）于2013年出版的入围美国国家图书奖的作品——《时代之书：简·富兰克林的人生与理念》(*Book of Ages: The Life and Opinions of Jane Franklin*)。莱波尔详细讲述了本杰明·富兰克林的姐姐简和她这位著名的弟弟有着相似的才智和抱负，但由于当时她那个阶层的女性负有很多义务（简育有12个孩子！），她没办法发挥自己的才能。——作者注

源自多年来我与充满干扰的任务清单做斗争的经验。这些建议无不围绕着"控制"这一概念。其中几个建议侧重控制那些你不得不处理的任务所产生的间接费。很多时候，实际去执行一项小任务还不至于搅得人心神不宁，反倒是我们为记住这件事、操心这件事和最终腾出时间去做这件事而付出的认知劳动更消耗精力。如果你能尽量减少这些准备工作，你就能控制任务本身带来的影响。其他一些建议则侧重直接控制这些任务，防止它们出现在你的待办清单上。这两种情况的目标都在于减轻损失。

想要实现慢生产力，就要摆脱小事的束缚，从而将精力投入更有意义的大事。这是一场由细节主导的恶仗，主战场是老旧过时的生产战略和生产体系。要是你想如本杰明·富兰克林推崇的那样，成为自己时间的主人，这场战争在所难免。所以，让我们参战吧……

将任务切换成自动模式

二十多岁时，我写作的重点是为学生提供建议，当时我常推荐的一种组织策略名为自动日程。这个办法的理念是每周在特定的日子、特定的时间乃至特定的地点，完成日常功课。比如，你可以始终在每周二和每周四上午 10 点下课后，走进附近的同一座图书馆，去同一层楼的同一张桌子上阅读英国文学。这个策略之所以有效，是因为它解决了许多学生的一个倾向，也就是只做那些迫在眉睫的功课。例如，很少有本科生会自觉地盘算："也许我应该提前三天着手解决那个问题。"但要是这项任务已加入他当天的自动日程，他就会不假思索地去做。"如果你几乎不用花什么心思，就能完成日常工作，"我在谈论这个话题的一篇早期文章中写道，"那你就已经达到了你的低压力舒适点，可以开始把精力放在更重要的事情上了。"

后来我的文章不再关注学生问题，转而着墨于办公专用工具，比如时间块和电子邮件协议，自动日程也就逐渐淡出了我的视线。然而，最近我自己工作上的行政事务越来越多，我开始重拾这种策略。事实证明，就知识工作而言，自动日程是控制任务的有效手段。你可以把学校布置的功课换成工作中的常规任务，每周都在固定时间去完成这些特定类型的任务。例如，自由职业者可以安排在周一早上去寄发票，教授则可以安排在周五午餐后核查科研经费报告。一旦你习惯在同一天的同一时间去完成某类任务，执行这些任务的间接费就会大幅削减。

这种以工作任务为中心的自动日程做出了一个关键的改进，就是要利用仪式和地点。如果你能将一个常规任务块与某个特定地点联系起来，辅之以一些有助于开始工作的仪式，你就更有可能形成一套完成这类工作的固定节奏。回到我的博士生导师的例子，每周五她都计划在学生中心的同一间餐厅吃午饭，饭后穿过附近的草坪（仪式），前往同一座小图书馆的同一张阅览桌（地点），坐在那儿处理她的经费报告。完成后，她可能会再回到学生中心，买一杯咖啡带回办公室（另一项仪式）。这种仪式和地点的结合，可以让这位教授无须多费思量，就能一周接一周地完成报告审核。

我建议尽量将各种常规任务都纳入越做越精细的自动日程中，比如核查客户要求，查看承包商更新网站的进度，准备会议，查收电子邮件或更新项目管理的网站。控制任务并不是要逃避小事，而是要让这些工作做起来不费劲，找到我之前说过的"低压力舒适点"。

同步

2020年秋天，我在《纽约客》上发表了一篇长文，题为《搞定工作的兴衰》（"The Rise and Fall of Getting Things Done"）。开篇讲述了梅林·曼恩（Merlin Mann）的故事，他是一名网页设计师和自由项目经理。[29]21世纪初，他越发被工作压得喘不过气。就在这时，他发现了戴维·艾伦提出的"搞定工作"（Getting Things Done，简写为GTD）的方法。艾伦将冗长的任务清单管理得有条不紊，正契合曼恩所需。他依据艾伦介绍的"备忘文件夹"技术，创建了一个名为"43个文件夹"

的博客，记录他对这套系统越来越深的热爱。①"相信我，如果你发现在你的生活中，水总是莫名其妙地流了一地，"曼恩在一篇早期的文章中写道，"GTD 可能正是让你的生活回归正轨的那只水杯。"

"43 个文件夹"日益发展为互联网上大受欢迎的效率博客，曼恩甚至辞去了项目经理的工作，全职经营这个网站。然而，这个故事的有趣之处不仅在于他的走红，更在于他之后的没落。创建"43 个文件夹"大约三年后，曼恩开始对类似 GTD 这样教人转变工作方式的系统感到幻灭。他写道，各式各样的高效工作法，最终并没有让他觉得"更能干、更稳定、更有活力"。他调整了博客的关注点，从纯粹提高工作效率转向了一个更模糊的目标，即如何更好地进行创造性工作。后来，他就彻底停止了更新。

有很多原因都可以解释，曼恩为何会对 GTD 等详细任务管理系统感到幻灭。在此，我想着重讲的一点或许恰恰是最根本的原因：它们不起作用。平心而论，当然也不是完全没有效果。GTD 的基础是将你头脑中的待办事项转移到可靠的系统中去，

---

① 备忘文件夹是一种流行的模拟组织策略，虽然经戴维·艾伦推广才普及开来，但并非他的原创。其理念是为本月的每一天和剩余的每个月都准备一个文件夹。你可以将本月要用的文件，放入那一天的文件夹中。要是稍后才用得上，就将文件放入相应的月份文件夹中。这套系统需要准备 31 天加 12 个月的文件夹，总共 43 个文件夹。——作者注

这么做能减轻你的焦虑，让工作变得更有条不紊。比如，我采访曼恩时，他跟我说他仍然依靠 GTD 的启发来管理家务，还强调说他压根儿不想费神记得去清理猫砂盆。

GTD 之类的系统虽然有所帮助，却并不能真正解决近几十年来像曼恩这样的知识工作者所面临的极度焦虑。这种龃龉源自 GTD 仅仅关注独立任务。艾伦的系统将工作责任简化成具体的"下一步行动"，然后依照不同的工作"情境"，将这些行动添加到庞大的列表中去。人们只需按照当前的情境，参考相应的列表，开始紧赶慢赶地执行列出的一个个行动即可。

然而，自 20 世纪 90 年代起，消耗曼恩等知识工作者精力的活动，已不再是独立执行的任务，而是围绕这些任务与他人产生的互动。个人电脑问世后，很快便出现了邮件等电子通信工具，办公协作由此变成了一个熙来攘往、杂乱无章的闹市，来来回回地传递着不同步的信息。比如，同事甲让你处理一些事情，你回消息问清楚详情后，又写了一封邮件给同事乙收集必要的信息。但读了同事乙的回复后，你发现你对这项任务还有不清楚的地方，于是你又给最初派任务给你的同事甲发了一条消息，等等。将这些拖沓的互动乘以数十个尚未完成的并行任务，很快你就会发现你大部分时间都在料理这些互动，而非执行任务。戴维·艾伦精心组织的列表，并不能帮助那些每小时有几十封邮件要回的项目经理。

不过，从慢生产力的角度来看，这种令人心灰意冷的情况中却蕴含着一个好消息。如果你的忙碌大多来源于讨论任务，而非实际执行任务，那么你肩上的担子可能比你想的要轻些。换言之，只要你能减少这类交流占用的时间，那么剩下的那些实际而具体的事务，可能不至于多得令人望而生畏。

有个直截了当的策略可以减少协作产生的间接费，就是用实时对话取代不同步的通信。我之前举的那个例子中，一位同事提出了一个不清不楚的要求，导致三个不同的主体来来回回地发了很久的信息。如果三个人同处一个房间或打一个视频电话，可能只需要几分钟就能把这个任务交代清楚。然而，这样的交流却很难安排。这就是为什么"开这个会，还不如发封邮件"这句话成了近年来职场的流行语。如果每个任务都要开一个会，最终也只是用一个排满会议的日程表取代了一个塞满邮件的收件箱而已——可以说这种命运同样可怕。

想要找到一个平衡点，可以善用办公时段：安排一个固定的时段用于快速讨论，解决各式各样的问题。比如每天下午都留出30～60分钟，并将这个时段告知你的同事和客户。到了时间就打开办公室的门，登录Zoom，留意工作软件，开着电话，明确表明现在你随时有空，可以讨论所有工作上的需求或问题。如果有人给你发的信息很含糊，与其让它演变成另一场旷日持久的来回交锋，不如回复："我很乐意帮忙！请在下一个办公时段来找我，我们详细谈谈。"

团队也可以采取一种与此相似的策略，我称之为"清空待办会"[30]。与办公时段一样，这个会议在每周同一天的同一时段举行。而与办公时段不同的是，整个团队都要参加会议。你的团队要在这个会议上，迅速处理所有需要协作或交代的待办任务。团队要逐一讨论每个任务，弄明白每个任务的具体要求，任务由谁负责，负责人还需要别人提供什么信息。组织这个会议有个简单方法，即创建一份共享文档，记录有待讨论的任务。在不开会的时候，团队成员可以往列表中添加项目。一个 30 分钟的清空待办会就可以为团队省下几个小时的时间，团队不必再分心去查看收件箱，来回发邮件。

这两种简单的同步法带来的轻松感意义重大，再怎么强调都不为过。把工作和围绕工作展开的临时交流区隔开来，剩下的部分可能就没那么可怕了。梅林·曼恩发现，就算是极其专业的任务管理系统，也无法消除 21 世纪上班族日益严峻的超负荷感。解决办法不是去寻找更智能的任务系统，而是要回归更简单、更人性化的东西——定期交流。

让别人多费点功夫

2022 年初，我在《纽约客》上发表了另一篇论述生产力的文章，我在文中批评大多数知识工作环境都没有一套规则或系统来规定该如何明确任务、分配任务。我们只是打开收件箱，发出会议邀请，然后就撸起袖子开干——每个人都会突然向其他人抛出新的要求和问题。

写那篇文章时，我担心大家已经习惯这种临时分配任务的文化，很难接受其实还有其他出路，所以我故意在文章中安插了一个矫枉过正的建议。我这么做是想激起读者的愤怒，让他们轻蔑地反驳我——"这怎么可能"——但在分析我的建议有多荒谬的过程中，他们或许能借这个契机开始质疑现状。

我在文中写道：

想象一下，你团队中的每个人每天都抽出一小时来完成一些琐碎的任务，快速解答一些问题。再想象一下，他们每个人都会发布一份共享文档，里面有他们一天的工作时间块，供其他人登记预约，只是预约的名额有限。比如，你想在团队中某个人方便见客的时候去找他，你就得在预留的空档里登记这个请求。他在当天的行政时间块看到你的登记后，就会答复你，这样他就可以卸下一些负担，不必在面对一大堆杂乱无章的急事时，还要抽空处理这些工作。[31]

这个假想实验令人满意的一个地方在于，它减少了任务分配固有的不对等。你的同事不能再像扔手榴弹似的，毫不费力地向你扔来各种要求，将你的生产力炸得四分五裂，而你只能自行收拾这个烂摊子。现在，在占用你的精力之前，他们必须自己多费点功夫才行。

一般来说，让别人多费点功夫的策略，经证实可以有效控制任务。例如，我在《纽约客》上提过一个接受度更高的建议，我称之为逆向任务列表。原理如下：为你负责的每一类主要任务，分别创建一个公共任务列表。为此，你可以使用共享文档。（如果方便不妨共享你的 Trello[①] 看板。）当有人要求你承担一些小任务时，你引导他们自行将任务添加到相关的公共任务列表中。比如，写入共享文档，或者在 Trello 的共享看板上创建一张新卡片。最重要的是，要跟他们说清楚，添加条目时要将完成这项任务需要的所有信息都写下来。

逆向任务列表要求其他人多花些功夫明确说明他们需要你做什么，从而简化稍后的执行工作。你也可以利用这些公共列表，让其他人知道你手头任务的进度，省得他们老来打扰你，问你进展如何。最后，这些列表还可以清楚地表明你目前的工作量。如果同事看到你的逆向任务列表已经排得满满当当，他们就可能重新考虑还要不要再塞工作给你。

另一个类似的策略是引入一些流程，让你的同事或客户多分

---

① 一款提高生产力，促进工作协作与管理的软件。——译者注

担一些与任务相关的工作。假设你是一家咨询公司的办公室经理，负责支持一个团队。你平常要处理的一件杂事，就是审批团队成员的差旅报销单。完成这项任务的一般方法是让他们把要审批的单据发邮件给你，然后你打印、签字、扫描，交给薪酬福利专员处理。

然而，还有个办法是公布一个特定的流程，让你的团队在找你之前（稍微多）完成一点工作。例如，你可以在办公室外设置两个分拣邮箱：一个放置新单据，另一个放置签过字的单据。需要你签署报销单的成员就得把单据打印出来，放入你办公室外的第一个分拣邮箱。星期四早上，你会审批第一个分拣邮箱中的单据，签字，然后投入第二个分拣邮箱中。这样，相关人员就要自己再来你的办公室，回收已签字的单据，自行扫描，提交，再抄送一份给你，让你留个记录。对申请报销的人来说，这个流程只是给他们稍微增加了一点工作，他们不会在意——因为每个人不过偶尔才提交一次报销申请。相反，他们还可能会感谢有这样一个明确的政策。然而，你身为办公室经理每月要处理数十份这方面的申请，这么做可以大幅减少你付出的间接费。

这些策略可以让任务分配的负担更加对等，但起初似乎会让人觉得有些自私。你甚至可能担心你的蛮横会惹人不快。但实际上，如果你能在措辞上变通一点儿、得体一点儿，放低姿态，引入这些系统就不会引发太多不满。最终，同事还可能会感谢你引入了这种架构，因为它明确了申请的处理流程和完成时间。

一般来说，人们通常只在乎自己的问题，并不关心他人要如何解决自己的问题。还记得我有意在《纽约客》上写的那个矫枉过正的故意要让读者摇头否定的建议吗？结果，没有一个人给我写信说我太过分了。或许它并不像我想的那么激进。

避开任务引擎

我们会很自然地把心思放在如何减少任务堆积的问题上。然而，你可以在工作流的上游，在任务产生之前，采取同样有效的控制策略。例如，下面这个策略在减轻任务负担方面可谓出奇地有效：选择新项目时，要斟酌该项目每周可能引发多少要求、问题或杂事。优先选择在这些方面数值最小的项目。大多数人关注的是项目的难度或者花费的时长。但一旦体会过待办事项过多造成的混乱，你就会明白有必要认真考虑一个项目可能产生的任务量。

为了具体说明这一点，我们假设有位销售主管要在两个项目之间做出选择：要么撰写一份报告，分析新技术将给市场带来怎样的影响，要么组织一场为期一天的客户会议。乍一看，组织会议似乎更有吸引力。首先，它有一个确切的活动日期，过了那一天就结束了，而报告可能要花数周才能完成。其次，组织会议不需要深度思考，更简单些，而写报告则需要掌握错综复杂的信息，做出有把握的预测。

然而，在这种情况下，我肯定会选择写报告，原因很简单：写报告衍生出来的任务要少得多。组织会议需要没完没了地协调许多不同的客户，还要租赁场地和安排专家演讲，更不用说筹备餐饮、解答后勤问题等麻烦事了。你需要处理许多紧急问题，来来回回地进行无数交流——每一件事都会消耗你的精力。换言之，客户会议就是一个任务引擎：一个会迅速制造大批琐碎急事的发动机。

相比之下，市场报告则代表另一种投入精力的方式。你需要定期投入大块的时间来收集数据、处理数据，并思考这些数据的意义。这无疑很费精神，有时甚至可能很乏味。但它几乎不会产生什么紧急小任务，因此除开你为工作预留的时间，其他时间都不必为此操心。写报告或许并非易事，但相比以千头万绪的活动组织项目为代表的任务引擎，应该更容易。

花钱将任务外包

前文在讨论限制主要的工作任务时，我提到了我的朋友珍妮·布莱克，她削减了自己公司的十多种收入来源，只保留了几种。然而布莱克身上还有一件事也让我很在意，她显然为自己舍得花钱订阅专业软件感到自豪。她在《空闲时间》中写过，为了把自己的业务重构成慢生产力的运营模式，她采取的一个措施是多花些钱将实用的软件服务升级成"专业版",用她自己的话说,就是不再"从免费软件中榨取一切能够榨取的服务"[32]。

布莱克发了一份电子表格给我,上面是她为运营自己的业务而订阅的所有软件,还包括每个月的费用。她说自己致力于使用专业工具,可不是在开玩笑。那张表上列有50多项付费服务,包括Calendly(日程管理软件)、DocuSign(数字签名软件)和专业版Zoom等,每月的订阅费大概需要2 400美元。但这笔钱花得很必要:这些专业软件服务能够省却或简化行政工作。换言之,布莱克花大价钱显著缩减了她的任务清单。

从慢生产力的角度来看,这类投资非常有意义。你越能控制那些分散精力的小事,就越能持续而高效地处理真正重要的事。当然,除购买软件服务外,花钱减少任务清单的渠道还有很多。我认识很多企业家都会雇用和培训"运营经理"来料理生意上的杂事,从而节省大量时间。举个例子,要不是我雇了制作人在录音日来我工作室,负责处理每周发布节目的所有细节,我便无法合理安排录制播客的时间。这些工作其实我自己也可以做。事实上,刚开始做播客时,我就是自己做的。但我亲身体会到做播客要处理的恼人细节多得不得了,如果我只能一直靠自己,那我可能会索性不做了。

雇用专业服务商也是一种有效的投资,有利于控制你的任务清单。还是以我自己为例,我请了一个会计师负责管理我的账目，一家专业机构全权负责我播客上的广告投放，一名网络顾问负责维护我的所有在线资产，还有一名律师负责解答我在经营与写作相关的业务时遇到的各种小问题。我认识的每一位高效的企业家都有类似的花销，他们都会聘请专业人士，这样他们就不必亲自去做这些事，况且自己做的质量也不高。

从短期来看，所有这些都需要花钱。要是你的公司刚成立不久或者你的收入仍很微薄，眼见一笔不算少的收入还没捂热就花出去了，难免会有些焦虑。但从长远来看，摆脱这些小事可以省下大量心力，以期取得重大突破，创造巨大价值。相比之下，每月的这些开支一下子就显得微不足道了。不过，不要花自己付不起的钱。只是要认识到，想要实现慢生产力，不可能一毛不拔。

题外话：为人父母不堪重负怎么办？

身为记者的布里吉特·舒尔特（Brigid Schulte）是两个孩子的母亲，2014年她在《不堪重负：没有时间该如何工作、相爱和娱乐》（*Overwhelmed: Work, Love, and Play When No One Has the Time*）一书中概述了她既要上班又要育儿的生活：

半夜两点我才烤好情人节的纸杯蛋糕，四点我才写完稿子，万籁俱寂时，我终于有了不被打扰的时间，可以专心做点儿事。我曾在儿童牙科门诊外面的走廊上席地而坐，进行远程访谈，还想尽量显得专业一些……家里总有电器罢工。我的待办清单永远没完没了。我想做家庭收支预算，想了快20年了，还没有做。洗好的衣服堆成山，怎么也叠不完，我女儿甚至都可以跳进去游泳。[33]

慢生产力第一原则提供的建议看起来都很职业化。比如，从长远来看，少做些事反而能带来更多价值：超负荷工作会产生大量令人承受不起的非生产性间接费。但就布里吉特·舒尔特这样的职场母亲而言，少做些事的主张也适用于个人生活。知识行业追求的伪生产力，还带来了一个更隐蔽的副作用，即迫使个体独自应对工作与生活之间的紧张关系。如果你在工厂工作，雇主希望你每天工作12个小时，这个要求就会白纸黑字地明确写在合同里，有凭有据，可以争辩。工会也可以设法反击，提出具体的反对意见。如有必要，还可以立法，比如1938年出台了《公平劳动标准法》，规定每周工作超过40小时要支付加班费。

相反，在伪生产力的主宰下，这些要求变得更加隐晦，更善于自我强化了。别人会评判你在源源不断的任务中，处理了多少看得见摸得着的工作，但没人会告诉你具体做多少才算够数——

这取决于你自己。祝你好运！这个情况使得为人父母者，每天都要重新自行协调工作需求与家庭需求之间的冲突，尤其是母亲，因为她们承担的家务通常比伴侣多。这个过程包含成千上万次艰难的决定和妥协，每一次决定和妥协似乎都无法兼顾所有人，最终你便发现，凌晨四点，你还在一堆摇摇欲坠的衣服旁边写作。《不堪重负：没有时间该如何工作、相爱和娱乐》中讲了一件特别令人心碎（也熟悉得令人心痛）的事，舒尔特的女儿埋怨她大部分时间都对着电脑。女儿对她说，自己长大后想做老师，"因为这样我至少有时间陪我的孩子"[34]。

伪生产力造成工作与生活关系紧张，毫无疑问，备受折磨的并非只有为人父母者。如果你要照顾生病的亲人，治疗自身的疾病，或是应对其他打乱生活的突发事件，靠可见活动来证明自身价值的工作要求，同样会让你方寸大乱。疫情期间这种感受尤为普遍，这有力地推动了反生产力运动的兴起。究其原因，部分在于伪生产力的那套逻辑要求知识工作者哪怕泰山崩于前，也要坚持进行忙乱的电子狂舞。人们需要时间和空间来调整和哀悼。然而，他们得到的却是升级的 Zoom 账户和敦促大家"保持高效"的鼓劲邮件，这如何不叫人抓狂。

本章详细介绍了能帮你减少工作量的具体建议。这些建议饱含细致的战略和提议，再次印证这项原则从经济的角度来看非常务实。少做确实可以多得。然而，我也认为有必要暂时从这种纯理性的探讨中抽离，见识一下这个理念更难解、更人性化的一面。对许多人来说，少做些事不仅能拯救他们的职业生活，还能让他们找到一个逃生口，摆脱自身与工作之间难以久持的心理关系。超负荷工作不仅效率低下，而且对许多人来说，简直不人道。

有鉴于此，处于这种境地的人应当积极采用本章讨论的策略。不要承接会衍生太多任务的项目，可以多花些钱把杂事外包出去，这些并不是什么生怕雇主或客户得知的不正当手段。如果你的工作和我们这个伪生产力时代的许多工作一样，需要自行把控工作量，那么你完全有权以果断的谋略应对这一挑战。慢生产力的首要原则不仅可以更高效地组织工作，还为那些觉得工作正在腐蚀生活其他方面的人提供了一种应对之道。

建议：拉动而非推动

在麻省理工学院攻读博士学位的头几年，我每天早上从肯德尔地铁站走到办公室都会途经一个建筑工地，一栋气派的玻璃幕墙大楼正缓缓拔地而起。那是博德研究所的新址，该研究所是麻省理工学院和哈佛大学近年来兴建的一个声势浩大的联合研究中心，伊莱和伊迪萨·博德夫妇为之提供了数亿美元的资助。我大概知道，这个研究所做的都是新兴基因组学领域的前沿研究。我也知道这个研究所非同小可。但是，后来我才发现，在那光鲜亮丽的玻璃幕墙背后，研究所内的许多工作人员都在苦苦追赶任务进度。

《麻省理工斯隆管理评论》(*MIT Sloan Management Review*)上一篇题为《打破知识工作的僵局》的研究案例表明，该研究所的麻烦始于基因测序管道。[35] 博德的一项主要业务是分析世界各地科学家送来的样本。就像流水线上的产品需经过各个处理环节一样，这些样本也要先经过一系列工序，才能送入博德的大型测序机中进行分析。所有这些工序的最终目的，都是要打印出样本的基本遗传密码。

恰如文章作者所述，没过多久这条流水线就开始出问题了。每个阶段的技术人员都自然而然地采用了一种"推动"的策略，他们尽快处理收到的样本，一旦处理完毕就立即推送到下一个阶段。然而，各个阶段的工序所需的时间并不一致。速度较慢的工序很快就会积压大量待处理的样本，由此产生问题。"（积压的样本）持续增长，远远超出了可控的水平，"作者解释说，"要是有人需要某个特定的样本，可能要找上两天。领导团队为管理随之而来的拥堵和混乱花费的时间越来越多。"从收到样本到发回序列所用的平均时间增加到120天。失望的科学家开始将他们的样本送到其他实验室。

博德研究所想出的解决方案并不新鲜，他们借鉴了工业制造领域常用的一种技术：将基因测序流程从"推动"转变为"拉动"。在推动式流程中，每道工序完成后，会立即将工作推送给下一道工序。相比之下，在拉动式流程中，每道工序都只会在准备就绪后，才拉入新工作。博德实施这种拉动法的方式非常简单。每道工序都配备了一个托盘，放置处理好的样本。下一道工序会从这个托盘中取走新样本。如果某道工序输送样本的托盘快装满了，负责这道工序的技术人员就会放慢工作速度。有时，他们甚至会去下一道工序帮忙，协助他们赶上进度。

改用拉动式流程后，便不可能出现积压：整条测序管道的运转速度都将依从于最慢的工序。这种透明性反过来又能帮助工作人员找出系统失衡的地方。"要是样本箱始终满满当当，那就意味着要么是下游任务进展太慢，要么是上游任务进展太快，"该文的作者写道，"而一天下来，要是样本箱空空荡荡，那就意味着当前的装样工序出了问题。"这套方法将改进措施变得可以量化了。自此，研究所昂贵的测序机的使用率大大提高，处理每个样本的平均时间减少了85%以上。

博德研究所从推动模式转为拉动模式，解决了基因测序流程超负荷运转的问题。被电子邮件和项目要求搞得焦头烂额的知识工作者，能否采用同样的方法呢？有意思的是，《麻省理工斯隆管理评论》上这篇文章的作者也深入解析了这个后续问题。博德的技术开发团队由专业的信息技术人士组成，负责帮科学家构建新型数字工具。见证测序管道的转变后，这个技术团队也决定试着采用拉动式工作流。

与负责测序的工作人员一样，技术开发团队也深受工作积压的困扰。作者解释说："该团队构思了许多技术开发的点子，却无力展开全面的评估，正在推进的项目也多得超出了负荷，运营团队根本无力落实。"每位工程师随时都能提出新的想法，他们都很聪明，想出了很多点子。这个系统很快就被自己好高骛远的野心拖入了泥潭。如果一个项目特别重要，就会要求"迅速落实"，团队需要"放下手头的一切，投入新的战斗"。工程师无不疯狂地同时处理多个项目，这远超他们的能力所及，新的重点项目还在不断涌现，随时要求他们转移自己的注意力。

为解决这些问题，该团队决定改变分配工作的流程。就像新改进的测序管道一样，他们希望从原先那种任由别人随意将任务推给他们的系统，转变为只有在自己做好准备后才接收新工作的系统。为实现这一目标，他们在一面空墙上绘制了一张图表，图中的方框写着设计流程的每一个步骤，从原始构想一直到测试和发布。然后将具体项目写在便利贴上，依据项目当前的进度，贴在墙上对应的方框中。这些便利贴上标有目前正在处理该项目的工程师的名字，每个人眼下正在做什么一目了然。

整个团队每周都开会讨论墙上每张便利贴显示的进度。如果一个项目已经准备好进入下一阶段，团队领导就会找尚有余力的工程师来接手。便利贴上会加上他们的名字，然后移到下一个方框。同理，如果一个项目出现了问题，就很容易注意到，因为该项目的便利贴会止步不前。这时，既可以为这个项目加派有余力的工程师，也可以彻底关闭该项目。这个系统的关键在于，它可以避免无限制地把大量工作推给团队成员。工程师只有在余力充足的时候才拉入新工作，而只消核查一下他们的名字出现在墙上的频率，就能轻松确定他们是否还有余力。这样就能杜绝超负荷工作。果不其然，转向这种结构更合理的拉动策略后，技术开发团队手头的项目总数减少了近50%，同时项目的完成率显著提高了。

受这篇文章的启发，近年来我越发确信，在知识工作环境下，拉动式工作流是避免超负荷工作的利器。如果你有能力改变公司或团队组织工作的方式，仿效博德研究所技术开发团队，采用拉动式策略，或许能收获惊人的成效。你的组织不仅会以更快的速度完成项目，团队成员也将庆幸自己终于从繁重的工作中解脱了出来。

不过，要是我们把目光转向那些无法直接控制工作分配方式的人，问题就变得棘手了。也许你就职的公司仍然崇尚更高的生产力，或者你是个体户，你的客户可没兴趣学什么复杂的新系统。许多困在这种工作环境中的人似乎只能接受杂乱无章的推动式工作流，但事实并非如此。即便你无法完全掌控你的工作环境，也有办法在很大程度上享受更有智慧的拉动式工作流带来的好处。关键就在于巧妙地模拟拉动式任务分配系统，与你共事的人甚至根本察觉不到你在尝试新的工作方式。

下面介绍的策略分为三步，教你在无法控制同事或客户习惯的情况下，以一己之力模拟拉动式系统。这种个人系统的效果，当然不如所有人都达成共识，一起放弃推动式系统来得好。但相比直接举手投降，任凭工作从四面八方向你砸来，眼看你的样品托盘逐渐满溢而唉声叹气，个人系统的效果还是要好得多。

模拟拉动式系统第一步：暂存箱与在办表

模拟拉动式工作流的第一步是梳理你目前负责的所有项目，将你的列表分为两部分："暂存"和"在办"。（这份列表如何储存并不重要。比如，你可以使用电脑上的文本软件，也可以用老式的笔记本，你觉得方便就行。）别忘了，我说的"项目"是指需要多次劳动才能完成的事情。（小事我们称之为"任务"，而控制小事的策略已在前一个建议中探讨过了。）有新项目推给你时，先放入列表的暂存栏。你的暂存箱没有容量限制。

相比之下，在办列表顶多只能容纳三个项目。在安排时间时，你应该只关注在办列表中的项目。完成一个项目后，就把它从列表中删除。这样就会留出一个空位，你可以从暂存箱中拉入一个新项目补上。对于较大的项目，不要直接拉入整个项目，而应该拉入一个合理的工作量，更便于你完成它。比如，你的暂存箱里有个项目是"写书"，等你的在办列表出现空位时，你应该拉入的下一项工作是"写这本书的下一章"。于是，"写书"这个大项目将一直保留在暂存箱里，直到大功告成。

使用这两个列表，就是在模拟拉动式工作流的核心动态。将你的在办事项限制在一个固定的小范围之内，可以让你从狂乱的超负荷感中解脱出来，最大限度地减少间接费。这么做的问题无疑在于，向你推进项目的同事或客户不知道你在实行这套巧妙的模拟系统，可能会气恼于他们拜托你的事迟迟看不到进展。为避免他们不断催促，你需要将你的列表与一套聪明的接收程序结合起来。这就是我们接下来要探讨的步骤。

模拟拉动式系统第二步：接收程序

将新项目添加到暂存箱时，有必要让委派任务的人了解往后的事。因此，请发送一封确认函，正式确认你将接下这个项目，此外还要加上以下三项信息：第一，在开始执行项目之前，要求任务来源方提供你需要的详细资料；第二，统计你的列表上已有的项目数量；第三，预计你将在何时完成这项新工作。

消息发出后，将你在确认函中预计的完成时间标注在项目上，以免日后忘记。请注意，预估时间时，要查看目前所有项目的预计完成时间，以便做出切合实际的预测。

以下是一封确认函示例。

哈西尼：

你好。

我想跟进一下今天上午商榷的事，确认今后将由我负责更新我们网站的客户端。在开始工作之前，我需要你提供一份清单，列出你认为新网站需要包含的元素（或者给我一个你觉得做得很好的公司网站链接）。目前，我手头还有11个项目排在这个项目前面。依据这些项目的安排，等你把所需信息发给我后，我预计四周左右完成这个项目。当然，要是预估时间有变，我再告知你。

卡尔

如果你的进度落后了，请变更你预估的完成时间，并把延误的情况告知最初给你派工作的人。关键就是要透明。要清楚你的工作情况，并兑现你的承诺，即使有时不得不变更这些承诺，也一样。绝不要漏掉任何项目，别指望别人忘掉这件事。如果你的同事和客户不相信你会兑现承诺，他们就会不停地提醒你。而你要是想成功运用这套方法，就得重视他们的评价。我们常常认为，与我们共事的人只想尽快取得成果。但事实并非如此。他们真正想要的往往是把事情交付出去后，不必操心是否真能完成。只要他们信任你，就会给你自由，让你按照自己的做法完成任务。换言之，解脱胜于快捷。

好的接收程序带来的第二个好处是，它常常会让人撤回他们的要求。比如，老板经常心血来潮地向员工提出他的想法，但要是你正式地将老板的要求确定下来，他看到自己还需向你提供更多信息，而且也了解你目前的工作量后，他可能就会回复："我又斟酌了一下，这事暂时还是先搁下吧。"有时候，只需要一点点阻碍，就能减缓工作洪涛的流速。

模拟拉动式系统第三步：清理列表

你应该每周更新和清理一次你的列表。除了拉入新工作填补在办列表中的空缺，还要注意查看即将到来的截止日期。优先处理即将到期的工作，如有不能如期完成的工作，应将情况告知别人。这个清理环节，也让你有机会从你的暂存箱中剔除那些迟迟没有进展的项目。例如，有一个项目你一拖再拖，这可能表明你其实不具备处理这个项目的能力，或者这个工作超出了你的舒适区。

遇到这种情况，可以考虑直接坦率地让项目方换人，卸下你的责任：

我知道我说过会负责更新公司网站的客户端，但你肯定也注意到了，这项工作我一拖再拖。我认为这个迹象表明，我对这项工作不够了解，无法取得进展。要是你没有意见的话，我想把这个项目从我的工作表中删除。我认为我们可能需要网络开发团队的帮助，才能真的推进这项工作。

最后，在清理你的列表时，要注意找出那些因为一些变故而变得多余或过时的项目。例如，老板决定请专业公司重新设计整个公司的网站，可能就不再需要你更新客户端了。这时就可以将过时的项目从你的列表中删除。但在这么做之前，请给项目方发一则简洁的通知，告知他们。唯有保持透明，才能有效地模拟拉动式系统的工作流。

第四章
遵循自然的工作节奏

慢生产力第二原则

  这个洞见来得很偶然。2021 年夏天，我在缅因州度假。当时，我坐在约克港一栋小出租屋外面，阅读约翰·格里宾（John Gribbin）2002 年出版的杰作《科学家》，书中简要介绍了那些开创现代科学事业的伟大理论家和实验家的生平，其中有两个同时成立的矛盾观点令我印象深刻。无论如何定义"生产力"，过去这些大科学家的生产力显然都很高。他们实实在在地改变了我们对宇宙的理解，难道还不算有生产力？然而，与此同时，按照现代的标准来看，他们取得重大发现的工作节奏似乎时快时慢，有时甚至称得上悠闲。

  例如，哥白尼就行星运动提出了革命性的观点，他的灵感来源于 1496 年出版的一本托勒密（Ptolemy）评注，这位年轻的天文学家在 23 岁时便读到了这本书。然而，直到 1510 年，哥白尼才开始把他的理论写成工作草案，在朋友间传阅。之后又过了 30 年，他才终于面向社会大众出版了他的杰作《天体运行论》(On the Revolutions of the Celestial Spheres)。[1] 第谷·布拉赫（Tycho Brahe）收集的详细天文数据，最终为世界接受哥白尼的理论奠定了基础，但第谷·布拉赫的工作速度也不快。1577 年，他观测到明亮的彗星划过欧洲夜空，这是他的著名观测，但直到 1588 年，他才完成对这项观测的全面分析，并发表出来。[2]

物理学的兴起也同样缓慢。1584 年还是 1585 年甚至更早，伽利略用脉搏对比萨大教堂里摆动的吊灯进行了著名的计时。但直到 1602 年，他才开始进行后续实验，进而发现了钟摆运动定律。[3] 1655 年夏天，艾萨克·牛顿为躲避剑桥的瘟疫，去了林肯郡宁静的乡村，开始认真思考万有引力。直到 1670 年，他才觉得自己真正掌握了平方反比定律，然后又过了大约 15 年，才最终公布他那颠覆性的理论。①

并不是只有文艺复兴时期的人才遵循这种从容不迫的节奏。

---

① 恰如约翰·格里宾所言，牛顿晚年公开讲述苹果从树上掉下来的故事，将他发现万有引力平方反比定律的时间归结为 1655 年他第一次去林肯郡的时候。这只是一种宣传策略。他当时的著作清楚地表明，这些想法虽始自 1655 年，却历经多年才逐渐成形。详见 John Gribbin, *The Scientists: A History of Science Told through the Lives of Its Greatest Inventors* (New York: Random House Trade Paperbacks, 2004), 185-186。——作者注

如果我们将时间跳转到 1896 年夏天，就会看到居里夫人正在进行一系列深度实验，研究一种沥青铀矿的放射性。"放射性"这个词是她当时新造的一个术语。居里夫人坚信沥青铀矿含有一种活性极强的新元素，科学界尚对其一无所知。这是一桩大事。成功分离和描述这种新元素，是可以获得诺贝尔奖的重大发现，堪称职业生涯的巅峰。但就在这个只差临门一脚的关键时期，居里夫人及其丈夫皮埃尔却决定带着刚出生的女儿，离开他们在巴黎的简陋公寓，到法国乡下去度长假。他们的女儿伊芙在传记里写道，"他们在那里爬山，寻访洞穴石窟，下河洗澡"[4]。

那年夏天，我在缅因州写了一篇短文，讲述我的这些发现，题为《论节奏与生产力》。我在这篇文章中指出，在谈论生产力时，时间尺度很重要。[5] 如果以几天或几周这样快节奏的时间尺度来看，哥白尼和牛顿等历史上的思想家似乎拖拖沓沓，没取得什么成果。然而，若以年这种慢节奏的时间尺度来看，他们的成果一下子变得不容置疑，丰硕得惊人。七年后，居里夫人早已淡忘了 1896 年的那次乡村度假，这时她才在斯德哥尔摩登台领取她的第一个诺贝尔奖（她总共获得两个诺贝尔奖）。

我在缅因州形成了初步的观点，后来又进一步阐述了我的理论，解释了工作节奏如何影响我们的工作体验。现在，我们无疑偏向于用快节奏的时间尺度来评估我们的工作。这没什么好奇怪的。我在本书第一部分论述过，当知识工作占主导的行业成为20世纪的主要经济行业时，为应对所有新事物的冲击，我们直接借鉴了工业行业崇尚忙碌的生产理念。然而，正如约翰·格里宾的点拨，这并不是思考工作节奏的唯一方式。

过去的这些大科学家恐怕会认为我们的紧迫感是自掘坟墓、发癫发狂。他们关注的是自己终此一生能取得什么成就，而不是某个短期成效。没有管理者随时监视他们，也没有客户不停地催他们回邮件，他们没有每天忙得不可开交的压力。相反，他们愿意花更多时间慢慢地做项目，采用的工作节奏也更加宽松灵活。决定去避暑，停下来反思和充电的并非只有居里夫人一人。伽利略也喜欢去他朋友在帕多瓦附近的一栋乡间别墅做客。一到那里，他就会在山间漫步，享受睡在"空调房"里的乐趣。这间房安装了通风管道，附近的洞穴系统会送来凉爽的空气，很是巧妙。[①]当然，还有牛顿，他也经常造访林肯郡，那棵著名的苹果树就在那里。

最重要的是，这些科学家倾向于用哲学化而非工具化的视角看待他们的专业工作。自哥白尼的时代起，所有真正的思想家都会熟读《尼各马可伦理学》，亚里士多德在书中表示，深度思考

[①] 这个系统远非完美。如格里宾所说，一天晚上，洞穴系统中的有毒气体不幸通过管道进入了屋内，致使伽利略和他的两名同伴染上了重病，一人因此丧命，伽利略的余生也饱受折磨。Gribbin, *The Scientists*, 80.——作者注

是最符合人性和最有价值的活动。按照这个逻辑，不管科学家在当下有何成就，他们的生活方式本身就很有价值。工作本身就能带来回报，也就没有必要急于求成。这种思维方式反映了文艺复兴时期人们对专业工作的理解，即只将工作视作创造繁荣生活的其中一个要素而已。"除开工作，伽利略的私人生活也很充实，"格里宾写道，"他研读文学和诗歌，经常去看戏，还很擅长弹鲁特琴。"[6]

慢生产力第二原则认为，这些著名科学家的做法很有启发意义。我们总是一连数小时、数天、数月无休止地劳作，这种疲于奔命的倾向其实比我们想的更为主观。诚然，许多人都要面对老板或客户提出的各种要求，但他们未必能完全主宰我们每天具体的工作安排——最严厉的监工往往是我们内心的焦虑。我们的时间安排总是紧巴巴的，工作管理一团糟，是因为我们一旦从忙乱导致的近乎麻木的疲惫中抽离出来，就会陷入一种根深蒂固的不安。

这些科学家为我们带来了安排工作的另一种方法，即为重要工作腾出更多喘息的空间，在这些事情上多花些时间，并适时调整自己的工作强度。这种方法不仅更人性化、更可持续，也称得上一种更好的长期策略，能收获重要的成果。16世纪伽利略的职业生活远比21世纪知识工作者的职业生活更悠闲，强度也更小。然而，他仍旧改变了人类思想史的进程。

我们可以将他们的理念浓缩为以下这项实用的原则。

原则二：遵循自然的工作节奏

不要急于完成最重要的工作。而要在有利于发挥才华的环境中，以一种可持续的时间安排逐渐完成这项工作，并注意调整你的工作强度。

接下来，我首先将进一步阐述我为何支持以更平稳的速度工作。事实证明，所有这些科学家都不约而同地选择更慎重地对待工作，这是有道理的，他们的方法比如今职场上随处可见的千篇一律的忙碌要自然得多。紧接着，我还将提出一系列建议，帮助你在自己的职业生活中落实慢生产力第二原则。我将深入解析巧妙的时间线捷思法和模拟淡季法。不过，相比这些具体的建议，最重要的还是本章要传达的普遍理念。慢生产力坚决抵制靠片刻不肯松懈的紧迫，去赢取表面上的奖励。工作是做不完的。你应该为自己的工作留出必要的喘息空间，给予它尊重，让它融入美好的生活，而非妨碍美好的生活。

从觅食到无形工厂：为什么知识工作者应该回归自然的节奏？

1963 年秋天，一位有胆识的年轻人类学家理查德·李（Richard Lee）远赴非洲南部，深入卡拉哈里沙漠西北部的多贝地区。他和当地一个名为朱/霍安西（Ju/'hoansi）的部落住在一起，这个部落大约有 460 人，散居于 14 个独立的营地。卡拉哈里沙漠的这片地区属于半干旱地区，每隔两三年就会遭遇一次旱灾，李将其称为"人类居住的边缘环境"[7]。苛刻的居住条件使得农民和牧民都对朱/霍安西人的领地不感兴趣，即便步入 20 世纪，整个部落仍过着相对闭塞的生活。

正如李后来解释的那样，朱/霍安西人并非完全与世隔绝。例如，李到了当地后，发现他们会与附近的博茨瓦纳牧民贸易，还碰见在殖民地巡逻的欧洲人。但由于朱/霍安西人与当地的经济联系不多，他们仍然主要依靠狩猎和采集来维持生计。人们普遍认为，如不仰仗稳定富饶的农业，在野外获取食物必定危险而艰苦。李想搞清楚这个看法是否属实。

人类差不多以目前这种样貌在地球上生活了 30 万年。[8] 除了近一万年以来，我们在这段漫长的岁月里，其实主要靠狩猎和采集过着半游牧的生活。在如此浩瀚的时间海洋中，自然选择一直努力让我们的身体和大脑适应以觅食为中心的"工作"方式。因此，探明我们目前的日常工作与史前祖先的进化目标之间存在哪些巨大差异，或许是一个很好的切入口，有助于我们理解当代办公室生活的矛盾之处。

毫无疑问，这种方法的问题在于，现在已经没有史前人类了，就算是考古发掘，也只能让我们管窥古代生活的零星碎片。好在理查德·李的开创性工作为现代人类学打下了基础，找到了解决这个问题的部分方法：谨慎地研究正在日益减少的现存原始部落，毕竟他们仍然主要靠狩猎和采集为生。像李这样的研究人员很快发现，现存觅食部落并不是古代遗留下来的，相反，他们生活在现代社会中，与现代社会相系。但是，我们可以从这些例子中更全面地了解以狩猎和采集为主要生存方式的生活是怎样的，换句话说，我们可以更详细地了解在人类的绝大部分历史中，"工作"指的究竟是什么。

从 1963 年秋到 1965 年初冬，经过 15 个月的实地研究后，李准备向全世界展示他的研究成果。翌年春天，他及其长期合作者欧文·德沃尔（Irven DeVore）一起在芝加哥召开了一场声势浩大的会议。会议名为"狩猎之人"，这场会议要为人类学带来一项"前所未有的深度调查，揭秘人类发展的一个关键阶段——人类过去普遍的狩猎生活"。这场会议引起了极大的轰动，法国著名人类学家克劳德·列维-斯特劳斯（Claude Lévi-Strauss）也赴美出席了会议。

李的论文讲述了他与朱/霍安西人朝夕相处取得的观察成果，让他在会议上大放异彩。论文开头重申了那个普遍的假设，即认为狩猎采集的生活是"一场危机四伏、艰苦卓绝的生存斗争"，接着李有条不紊地搬出数据驳斥了这种观点。事实证明，李研究的部落吃得很好，每天能摄入超过两千卡的食物，即使在博茨瓦纳遭遇历史性旱灾的情况下，也是如此。同样令人惊讶的是，朱/霍安西人的工作时长似乎少于周边的农民。根据李的数据，他研究的成年人平均每周大约花20小时获取食物，还会再花大约20小时处理其他杂务——他们的休闲时间很充裕。

正如李的总结，从这些现代的观察结果中，我们可以推测人类与工作之间的古老关系：

尽管如今多贝地区的布须曼人只能生活在祖先居住的最贫瘠的地方，但他们靠着野生的植物和肉食依旧生活得很好。过去，这些狩猎者和采集者的生存基础可能更加坚实。[9]

不出所料，这项针对狩猎和采集生活的早期研究，后来受到了大量批评。比如，李靠写日记来收集数据的方法太失真，而他所谓的"工作"是否包含所有相关活动也存在争议。但李主张我们通过研究现代觅食部落来了解古代经济，这个伟大的构想却影响深远。[10]

马克·戴布尔（Mark Dyble）是剑桥大学进化人类学的副教授，领导着一个研究团队。在他们近期的工作成果中，我们可以看到他们采用更精确的办法，收集了李曾致力于收集的那些数据。2019 年，《自然·人类行为》杂志发表了一篇重磅论文，其中提到戴布尔及其团队再现了李的研究，只不过使用了更先进的方法。[11] 他们观察了菲律宾北部的阿格塔人，这个部落非常适合用来比较不同的食物获取模式，因为他们当中一部分人仍主要依赖狩猎和采集，其余人最近则转向了水稻种植。这两组人置身于相同的文化和环境，可以对两种食物获取策略进行更纯粹的比较。戴布尔的团队放弃了李使用的日记法，因为研究人员要捕捉观察对象一天的所有活动（事实证明这种方法难度很大）。相反，他们采用了更现代的经验取样法，研究人员随机间隔一段时间，记录观察对象此刻正在做的事情。目的是计算出农耕者与觅食者这两组样本休闲与工作的相对比例。

"觅食者白天的闲暇时间占比 40%～50%，"当我请戴布尔总结一下他们团队的研究结果时，他告诉我，"而农耕者闲暇时间大约只有 30%。"他的数据验证了李的说法，从事狩猎采集比从事农耕更有闲暇，只是这个数据可能没有李最初报告的那么极端。然而，这些高水准的数据没有反映出另一个同样重要的问题：这些闲暇时间在一天中是如何分布的？戴布尔解释说，农耕者"持续不断地干着单调的工作"，而觅食者的日程安排则更加多元，每天的工作中都会穿插长时间的休息。"狩猎需要在森林中跋涉，所以一整天都要在外面，但会有休息时间，"戴布尔告诉我，"像钓鱼这样的事，收获时多时少……实际上只有一小部分时间真的在钓鱼。"

对我们来说，戴布尔的研究中最关键的观察结果是，觅食者的劳动强度有高有低。出海捕鱼一开始可能很忙碌，但中午难有收获的时候，或许会在船上打盹。外出狩猎令人精疲力竭，但接下来可能一连多日都在等雨停，几乎无事可做。相比之下，种植水稻的阿格塔人无论播种还是收获，都要从日出干到日落。相比外出觅食的活动，戴布尔觉得这些农耕活动堪称"枯乏"。这种对比凸显，近代以来人类的工作体验发生了多大转变。从狩猎和采集转变为农业的过程，名为新石器革命，实际上大约一万两千年前才真正开始加速发展。及至罗马帝国时期，觅食几乎已彻底淡出人类的生活。这种向农业的转变使得大多数人陷入与种植水稻的阿格塔人相似的境地，他们都在努力适应一种新东西——日复一日一成不变的工作带来的单调乏味。

就农业而言，好歹有一点还值得庆幸，那就是农业并不需要全年都这么劳碌，冬季的休憩可以抵消播种和收割庄稼时的忙碌。人类很快就发展出了各种仪式，以利用和适应这种时忙时闲的节奏。丰收节鼓励人们在每年秋收的时候辛勤劳作，而各种讲究的冬季庆典则为随后几个月阴沉闲散的生活增添了意趣。例如，古代的日耳曼民族会为尤尔节举办数日宴会，他们宰杀牲畜用于祭祀，围着熊熊燃烧的篝火祭奠逝者，让一年中白日最短的这些日子，不再那么难挨。

工业革命剥夺了我们工作中的最后一缕变化。机械动力驱动的磨坊和后来的工厂，让每一天都成了收获日，也引发了持续而单调的工作，不再有任何一丝变化。季节变化和有意义的仪式都消失了。尽管马克思有种种缺点和过激之处，但他的异化（Entfremdung）理论认为工业秩序使人们脱离了基本的人性，无疑触及了一些深层次问题。工人最终必然要反抗这种严峻的形势。他们推动了立法改革，比如1938年美国国会通过了《公平劳动标准法》，每周的标准工作时长定为40小时，从而限制了劳动者在没有额外报酬的情况下，每天陷在单调工作中的时间。他们还成立了工会，抵制工业化不人道的一面。如果注定要受困于背离天性的活动，（可能的话）好歹也要按照自己的想法来。

随后，知识工作作为一个重要的经济行业，登上历史舞台。如本书第一部分所述，管理层并不知道如何应对这个新行业的自主性和多样性。他们想出的权宜之计就是追求伪生产力，把可见活动当作衡量工作价值的替代指标。在这种新的格局下，我们又倒退了一步。与工业行业一样，我们也一工作就是一整天，日复一日，不会随季节变化。因为如今凡是这样的变化，都等同于缺乏生产力。但与工业行业不同的是，在这个我们为自己建构的无形工厂中，我们没有改革法规或工会来找出这种组织方式哪些地方最令人精疲力竭以及为限制而抗争。知识工作可以随意侵占我们的全部生活：从夜晚到周末再到假期，只要我们还能承受，它就会尽可能地占据我们的时间。我们几乎别无选择，等待我们的只有不堪重负后的职业倦怠、降职或辞职。至此，我们彻底脱离了主导人类28万年的工作节奏。

然而，这种疲惫背后，其实潜藏着一个更好的未来。如果你负责收割庄稼或者在流水线上工作，那么你注定要全天候地做着单调的工作——你所能做的顶多也就是用仪式和法律减轻工作产生的恶劣影响。但我们并不确定，在知识工作中，这种一成不变的工作强度是否也同样不可避免。我们每天长时间地辛苦工作，是因为我们想满足伪生产力的要求，而不是因为高超的认知工作委实容不得丝毫懈怠。硬要说的话，反而有证据表明，工业化的工作节奏会降低我们的效率。回想一下，本章开头提到的那些科学家，利用自身不同寻常的地位带来的自由，实现了一种有起有伏的工作节奏，相比现代的办公室人员，他们更像阿格塔部落的觅食者。这些传统知识工作者可以随心所欲地按自己想要的方式工作，果不其然，他们都选择回归人类天生就很习惯的动态工作模式。

这正可以解释我们为什么要践行慢生产力第二原则。长时间高强度的工作是人为设置的，不可持续。这么做短期内可能会产生一种虚假的效能感，但随着时间的推移，它会让我们背离本性，痛苦不堪。从严格的经济角度来看，这么做几乎肯定有碍我们充分发挥自身的能力。从长远来看，更自然、更缓慢、更富于变化的工作节奏，才是获得货真价实的生产力的基础。接下来的一系列建议，讲的是如何将这种变化注入你目前的专业工作中。我们大多数人都不似居里夫人那般，可以动辄休假数月，放空大脑。但是，如果你有意识地利用大多数现代知识工作的自主性和模糊性，就会惊讶地发现你其实能够在很大程度上将工作节奏变得更人性化（鉴于没有更好的词了，姑且说是人性化吧）。

建议：多花些时间慢慢来

林-曼努尔·米兰达（Lin-Manuel Miranda）在卫斯理大学读大二时完成了音乐剧《身在高地》的初稿。2000年春，这部剧在他们学校的剧院首演，后来摘得多项托尼奖[1]。彼时米兰达不过20岁。这个早慧的故事成了米兰达身上的众多传奇之

---

[1] 美国戏剧协会为纪念协会创始人安东尼特·佩瑞而设立的奖项，是美国话剧和歌剧的最高奖项。——译者注

一,表明一代天才最初是如何崭露头角的。然而,人们在讲这个故事时往往不会提到,该剧从首演到在百老汇大获成功的八年间究竟发生了什么。

最终在理查德·罗杰斯剧院上演的近两个半小时的歌舞大秀,与米兰达在 2000 年推出的独幕音乐剧迥然不同。2015 年,丽贝卡·米德在《纽约客》上撰写了一篇介绍米兰达的专题文章,指出他在大学期间推出的《身在高地》"落于陈套",主要讲了一场俗滥的三角恋。[12] 这个 20 岁年轻人的剧作并未在同龄人中掀起多大波澜。米兰达后来在接受马克·马龙(Marc Maron)的采访时透露,卫斯理大学的文化氛围更侧重实验戏剧。他对古典音乐剧的兴趣,与周围同学格格不入。"想在卫斯理大学上演一台音乐剧,相当不易。"[13] 他说。紧接着,米兰达把他的嘻哈音乐剧束之高阁,转而专注于他的毕业作品:一部最终被世人遗忘的剧作《借来的时间》(*On Borrowed Time*)。毕业后,米兰达找了份代课老师的工作。父亲则劝他去考法学院。

不过,并非所有人都不看好《身在高地》。毕竟米兰达当时还只是个大二的学生,剧本有些平淡也在意料之中,但配乐很特别。"拉丁音乐混合嘻哈音乐,很有冲击力。"[14] 米兰达回忆道。"节奏中蕴含着某种特别的东西。"托马斯·凯尔(Thomas Kail)说道。他也是卫斯理大学的学生,比米兰达高两届,他对《身在高地》念念不忘。米兰达毕业不久后,他们就见面讨论了该剧的潜力。米兰达开始与凯尔合作，改进配乐和剧本，凯尔则在实质上成了这部尚不成熟的音乐剧的导演。两人很快联系上了另外两位卫斯理大学的毕业生——约翰·布法罗·梅勒（John Buffalo Mailer）和尼尔·斯图尔特（Neil Stewart）。梅勒和斯图尔特在纽约共同创立了一个名为"后台工作室"的剧团。米兰达不断改进着他的剧作，他们则负责筹办一场场剧本朗读会。[15]

这些不断上演的小型演出，能形成一个快速的反馈循环，帮助米兰达找到他独特的音乐表达。然而，剧本仍然很平淡。为解决这个问题，米兰达和凯尔请来了一位才华横溢的年轻剧作家琦亚拉·艾蕾葛莉亚·休德斯（Quiara Alegría Hudes），她后来获得2012年普利策奖。2004年秋，他们向美国国家音乐剧研讨会提交了《身在高地》。这个研讨会由康涅狄格州沃特福德的尤金·奥尼尔剧院中心组织，旨在帮助孵化新的音乐剧。研讨会选中了他们的音乐剧，音乐监制亚历克斯·拉卡莫尔（Alex Lacamoire）这时也加入了团队，他们集体搬去康涅狄格州，全职完善这部作品。

《身在高地》的创作这才开始步上正轨。休德斯简化了人物的故事情节，重心转移为以音乐的形式歌颂华盛顿高地街区，剧中的故事就发生在这个街区。凯尔解释："在奥尼尔剧院试演后，我们清楚地认识到，这个街区才是爱情故事的核心。"在康涅狄格州的这次演出引起了百老汇制作人的注意，带来了真正的资金支持。但在公开向观众售票之前，要做的工作还有很多。直到2007年，《身在高地》才首次登上专业舞台，此时距米兰达开始认真与凯尔携手改进这部剧已过去五年，而在卫斯理大学的首演更是七年前的事了。又过了一年，该剧才在百老汇登台亮相，米兰达终于摘得托尼奖。①

我们先前在那些大科学家的生活中发现了一种普遍的模式，林 - 曼努尔·米兰达就是这种模式的一个清晰例证：他从容不迫。首演后的七年里，他慢慢地创作并改进他的剧作。当然，这段时间里，米兰达很多时候都只全神贯注地创作《身在高地》。但也有不少时候，他在忙其他事。这些年来，除了代课，米兰达还为《曼哈顿时报》(*Manhattan Times*) 写专栏和餐厅评论。他和他创立的即兴喜剧及说唱团队"自由潇洒爱最大"(Freestyle Love Supreme) 一起进行了国际巡演，还帮史蒂芬·桑德海姆 (Stephen Sondheim) 将《西区故事》(*West Side Story*) 的歌词翻译成西班牙语，以便在百老汇复排。他和桑德海姆也相识于卫斯理大学。

---

① 取得这些成就几个月后，米兰达在墨西哥享受他急需的假期，然而躺在泳池边，他却一点儿没放松下来。他在踏上旅程前，一时兴起买了一本堪比门挡厚的书，结果读得欲罢不能。那是一本亚历山大·汉密尔顿的传记。

伪生产力思维让人害怕把一个重要项目分散开来完成，因为不把时间花在最重要的目标上，似乎就是浪费时间。一个笃信这种快速哲学的人，要是看到米兰达在21世纪初将精力花在"自由潇洒爱最大"的自由说唱上，还为一家小报写专栏，可能会很失望——俨然大材小用。相反，慢生产力思维则能看到这种慵懒节奏的优势。频繁的冷启动可以为你的劳动注入更多的创造力，米兰达断断续续却坚持不懈地改进《身在高地》，似乎就发挥了这种功效。这种做法也让他得以同时探索和精进他的创作与人生。大二时的米兰达还没有足够的自信、经验和志趣，无法创作出一部百老汇级别的音乐剧。他的优秀需要时间才能展露出来。

慢生产力第二原则要求以一种更自然的节奏来应对工作。有三个办法可以帮我们实现这一目标，下面这则建议就是第一个：效仿林-曼努尔·米兰达，从容不迫地在重要项目上多花些时间慢慢来。这个要求无疑充满挑战。米兰达那种缓慢却坚定的创作方式与纯粹的拖延之间，只有一线之隔。这就是为何美国小说创作月[①]那种疯狂的速度如此受追捧——很多人不相信最初的热情消退后，他们还会重新回去完成一个困难的项目。下面这些具体的建议就旨在消除这些担忧。它能让你有计划地多花些时间慢慢

---

① 每年11月美国举行的一个写作活动，参与者要在一个月内完成一部5万字的短篇小说。——译者注

第四章　遵循自然的工作节奏

来，保持完成重要工作的动力，同时避免那种总有很多事立马就要完成的疯狂感。

做一个五年计划

大多数人的长期计划仅限于未来几个月。例如，你的目标是在秋天结束前撰写并提交一篇学术论文，或者在夏天推出新产品。这种程度的计划无疑是必需的，要是没有的话，你可能会一直陷在浮浅的工作中，永远无法推动真正重要的事。不过，我还是要建议你制订一个更宏大的计划：未来五年，你想实现什么目标。五年的期限是一个相对灵活的选择。你可以根据自己的实际情况调整这个期限，比如你刚开始念一个为期四年的学位，那么制订一个四年计划可能更合适。不过，这条建议的关键在于，你设定的时间跨度至少应该是好几年。

为了说得更具体一些，我将以我自己为例。在麻省理工学院攻读计算机科学博士学位之初，我刚把第一本书稿交给兰登书屋。我知道，除了做学术，我还想成为一名作家。但我也知道，如果不加控制，当下在麻省理工学院念书的压力，会让我逐渐偏离这个目标。为此，我详细规划了未来五年的发展愿景。我决定，设法在读博期间继续出书。我希望在离开麻省理工学院时，我已是一位拥有多部作品的知名作家，尽管我可能需要经历一段充满压力和不确定性的时期。

这个长期计划让我一次又一次地回到写作的目标上来。但还有一点也同样重要，它给了我必要的喘息空间，即便没有立竿见影的进展，我也能从容不迫。因为我的愿景是建立在多年的基础上，所以我可以接受学业繁忙导致无暇写作的情况。我也可以接受间隔很长时间再出下一本书，我会利用这段时间思考接下来要写什么。比如，我的第二本书和第三本书间隔了四年，在此期间，我在博客和自由撰稿的工作中尝试新的写作风格。当时，我正审慎地为转型打基础，我很擅长给学生写建议指南，如今想涉足陌生的严肃思想类图书。我的长期计划让我能够欣然接受，像这样一点一点地成为作家。我可以慢慢摸索，并不会觉得自己已经放弃。我想在毕业前写出好几本书，道路虽然迂回，但我终将抵达目的地。

在生活中增添更多计划，可以帮你放慢脚步，这种想法似是自相矛盾。这条策略的奥妙就在于，延长评估生产力的时间尺度。从卫斯理大学毕业后，林-曼努尔·米兰达并没有立马开始持续不断地打磨《身在高地》，而是在数年的时间里，一次又一次地回到这个项目上，直到把它变成一部了不起的作品。唯有做长期规划，才能遵循这种缓慢却坚定的节奏。

把项目的时间线延长一倍

现在，我们要从多年计划转向思考如何组织接下来几个月的工作。在以季度为单位的时间尺度上，你的计划通常会是完成一个完整的项目，比如推出一个新网站，或者在大型项目上取得可观的进展，比如完成一本书的前三章。在这个时间尺度上设定的目标，会极大地影响你的工作速度。如果你好高骛远，你的工作强度就会一直维持在高水平，因为你要争分夺秒地完成目标。相反，如果你给自己足够的时间来完成目标，你的工作节奏就会更加自然。有一个简单的捷思法可以实现后一种状态：无论你最初认为这个项目需要花多少时间才合理，都将这个时间线延长一倍。比如，你最初计划花两周推出一个新网站，那么就可以修改目标，直接给自己一整个月的时间。同样地，如果你认为在 9 月到 12 月间写完新书的四个章节很合适，请改变这个计划，只写两章即可。

  个人生产力存在的一个实际问题是，人类不擅长估算认知劳动需要的时间。我们天生就很熟悉那些能产生有形成果的工作，比如制作一把手斧或采集可食用的植物。但要给缺乏直观感受的工作做计划时，我们很大程度上只能靠推测，从而总是倾向于对事情需要多长时间完成做出最乐观的假设。我们在做计划时，似乎总喜欢构想一个野心勃勃的时间线，享受由此而来的快感："哇，如果我能在今年秋天写完四个章节，那我就提前完成任务了！"我们当时感觉很好，却会在接下来的日子里陷入忙乱，灰心丧气。

如果运用这些策略，将你的初步估时翻倍，你就能克服这种毫无根据的乐观本能。其结果就是，你能以更悠闲的节奏完成计划。当然，这么做会让人担心，要是将时间线延长一倍，可能会大大减少工作成果。但你最初的计划原本就不现实，也不可持续。慢生产力的一个核心信条是，取得伟大成就的基础是长期稳定地聚沙成塔。这条路很长。控制好自己的节奏。

简化每天的工作

最后，我们要讨论如何在最短的时间尺度上，也就是每一天中，做到多花些时间慢慢来。放慢工作节奏的主要乐趣，就是再不必每天疯狂地工作。不过，想要获得这种好处，你需要切实地简化日常安排。如果你把每天的每小时都排得满满当当的，远超自己能力所及，那么就算你减少季度计划和长期计划，也无济于事。这三个时间尺度必须一起控制。为了更合理地安排每天的工作，我有两个建议：首先，减少你承揽的任务数量；其次，减少你日程表上的会议预约。也就是说，既要增加你的可用时间，又要减少你计划要完成的事。

第一个建议很容易落实：应用时间线捷思法，将你一天中要完成的任务减少 25% ～ 50%。如前所述，在预估完成认知工作需要多少时间时，人类往往过于乐观。全面减量策略可以抵消这种偏差，比如将你原本的任务清单削减四分之一。至于会议预约，一个比较好的目标是将一天中用于开会或打电话的时间控制在一半以下。要做到这一点，最简单的方法是保护某些时间段（例如，中午之前不开会）。当然，有些办公环境可能很难设下这种严格的规则。（"你说中午之前不开会是什么意思？我只有中午之前才有空！"）还有个更巧妙的方法是运用"你一个，我一个"策略。一旦你在某天的日历上添加了一场会议，就请在同一天找出一段相等的时间保护起来。比如，我在周二安排了一场30分钟的电话会议，那么我还会在那天再找出30分钟来，在日历上将其标记为保护时间，留给自己。如果当天的会议安排越来越多，那么受保护的时间块也会随之增多，从而很难再安排其他事。于是，每天开会或打电话的时间都不会超过一半。而且比起单纯地将某段时间列为禁区，这种方法灵活得多。因此，同事也不会觉得你太固执。

当然，不是每天都要运用这些策略，或容不得任何例外。本章稍后会探讨一个观点，即就算遵循自然的工作节奏，也会遭遇忙碌和艰难的阶段。换句话说，总有一些时候，你可能要敲定一笔重要的买卖或应对一场意料之外的危机，导致经常一场接一场地开会。还有些时候，临期的任务会填满你的每一分钟。但只要有可能，就不妨养成习惯，运用这些捷思法来安排自己的日常工作，确保你在迎来不可避免的忙碌高峰后，能享受更悠闲的低谷期。

在关于林－曼努尔·米兰达的专题文章中，丽贝卡·米德提到《汉密尔顿》(*Hamilton*)在百老汇首演前几周，米兰达忙得"神情恍惚"和"双眼布满疲惫"。不过，米德也讲到在进入最终准备阶段之前，米兰达曾为该剧创作了许多音乐片段。据米德描述，当时米兰达会牵着狗，漫无目的地在纽约街头散步，耳机里循环播放着一首新歌的配乐，等待谱曲的灵感降临。那段时间，米兰达就很从容不迫。

原谅自己

说到多花些时间慢慢来，最后一个关键点就是要认识到它会造成心理负担。时间管理是个棘手的问题，特别是项目很复杂的话。有时，有些事你可能会拖很久，结果错过了截止日期或错失机会，未能按照预期进度实现最初的构想，你以为自己像林－曼努尔·米兰达一样在慢慢创作一部杰作，但有一天你突然意识到你其实就只是在拖延而已。面对这种生产力低迷的时期，你很容易出于悔恨让自己报复性地忙于工作。累得筋疲力尽后，你才好告诉自己，你并不懒惰。

我要批判这种反应。这种做法不仅不可持续，而且从长远来看，也无助于你完成重要的工作。在慢慢来的过程中，偶尔暂时偏离你决定要走的路，也没关系。每一个志存高远的人，都会遇到这样的情况。就连林－曼努尔·米兰达也不例外。（我们都知道他取得了巨大的成功，却很少听说他在灵感迸发时启动了大量项目，但最终都不了了之，这些项目加起来恐怕得有一箩筐。）遵循自然的工作节奏是件很难把控的事，你会时不时地感到灰心。面对这种情况，最人道的反应当然是：原谅自己。然后问自己："接下来该怎么办？"做有意义的工作的诀窍就在于，要不断回到你认为重要的工作上去，而不是每次都必须做得尽善尽美。

建议：顺应季节

乔治亚·欧姬芙（Georgia O'Keeffe）的职业生涯起初很是忙碌。1908 年，21 岁的欧姬芙在芝加哥艺术学院和纽约艺术学生联盟学习，她成绩优异，但很缺钱，于是在芝加哥找了一份商业美术师的工作。1910 年，她和家人一起搬到了弗吉尼亚州，开始在多个机构教美术。1912 年至 1914 年间，她前往美国西部，在得克萨斯州潘汉德尔地区尘土飞扬的阿马里洛小镇上的一所公立学校教美术。暑假期间，她回到东部，一边在哥伦比亚大学教育学院担任助教，一边在弗吉尼亚大学选修一些专业课。1915 年，她在南卡罗来纳州的哥伦比亚学院担任讲师。之后，她又回到纽约，在哥伦比亚大学教育学院任教。1916 年，她去了得克萨斯州坎宁地区，成了西得克萨斯州师范学院艺术系的系主任。[16]

欧姬芙这段时期的履历，光看着都觉得累。真的经历起来一定非常疲惫。在马不停蹄的这些年里，欧姬芙仍旧断断续续地深造，发展自己的抽象艺术风格，但这些事做起来并不容易。她的艺术创作会陷入长时间的停滞，在她的职业生涯早期，有一次就中断了近四年之久。显而易见，唯有改变这种超负荷的生活方式，欧姬芙才能释放出惊人的艺术潜力。好在 1918 年，这种改变终于来临了，她在乡村得到了一处宽广的地产，它就坐落在乔治湖西岸阿迪朗达克山的南部。

这片土地归阿尔弗雷德·斯蒂格里茨（Alfred Stieglitz）的家族所有，斯蒂格里茨本人是个著名的摄影师，也是纽约颇具影响力的 291 画廊的老板。他的画廊曾展出欧姬芙的一系列创意炭笔画，两人因此结缘。从朋友发展为恋人，最终结为连理。19 世纪 80 年代，斯蒂格里茨的家族在乔治湖置业，并将其命名为"奥克朗庄园"。斯蒂格里茨从小就在奥克朗度夏。"这片湖就是我最早的朋友，"他写道，"啊！我们一起度过了多少个日夜啊。或平静美好，或动荡不安，或如梦似幻——真是静默而奇妙的分秒与日月。"[17]

斯蒂格里茨很高兴能带领欧姬芙走入这些"静默而奇妙的分秒与日月"。自 1918 年起，他每年夏天都会带她去他家族的庄园。头两年，他们住在庄园气派的大宅里，但后来斯蒂格里茨家卖掉了那块地，他们就搬去了附近山顶上一座比较简陋的农舍。

就是在这里，欧姬芙找到了能充分激发她创造力的空间。她养成了在乡野生活的习惯，每天早晨都会步行去乔治湖村取信。有时，她会走得更远些，徒步三公里前往普洛斯佩克特山，俯瞰一艘艘蒸汽船在狭长的湖面上来来往往。

不过，她多数时间还是在画画。1918 年至 1934 年间，欧姬芙主要在她的"棚屋"里工作，她把农场的一栋附属建筑改造成了工作室。[18] 除了大量的素描和粉彩作品，欧姬芙还创作了两百多幅画。她以周围的自然风光为灵感，既描绘壮丽的山水胜景，也近距离地描摹花草树木。秋天，她会把画作从阿迪朗达克带回城里，画完后就在城里展出。这些受自然启发的抽象画广受赞誉，欧姬芙也因此成了艺术界的名人。在乔治湖的那些年，是她职业生涯中最多产的时期。

这种顺应季节的工作方式，要求我们在一年中不断调整自己的工作强度和工作重心，获得了许多人的认可。欧姬芙夏天隐居于乔治湖，慢慢释放自己的创造力，然后在秋天重返繁忙的都市生活，这种方式符合自然规律。我们之前讨论的那些大科学家也会顺应季节，比如艾萨克·牛顿在林肯郡的乡野田园之间思考万有引力，居里夫人在法国乡间养精蓄锐。然而，我们面临的现实是，这种顺应季节的工作方式已变得非常罕见，特别是在知识工作中。一些像欧姬芙一样的全职艺术家和作家，可以在夏季外出避暑寻找灵感，还有一些有寒暑假的教育工作者也有这个条件。但除此之外，大多数坐在电脑屏幕前辛勤谋生的人，一年十二个月的工作强度几乎难有变化。

虽然欧姬芙的工作安排在我们这个时代看来有些奇异，但这并不能掩盖一个事实：我们这种一成不变的工作方式才不正常。如前所述，在有记载的大部分人类历史中，地球上绝大多数人的工作都与农业密切相关，而农业是种实实在在的季节性活动。对我们的大多数祖先来说，一年到头无休无止地工作并非常态。季节早已深深融入了人类的生活中。

本节的这条建议认为，我们的工作不是非得像现在这样不可。工业制造等工作环境，可能确实无法顺应季节，但知识工作显然更加灵活。在格子间而不是工厂里工作的人，全年都有机会改变自己与工作的关系，这样的机会远比他们预想的多。关键是要认识到，想要健康地顺应季节，不必非得在乡下拥有占地十几公顷的湖畔庄园。下面这些具体策略旨在帮助那些从事标准现代工作的人（不是 20 世纪初那种经济独立的艺术家），好歹在工作中找回一些顺应自然的变化。

安排一个淡季

2022 年 7 月，我刚开始专注地写这本书时，网上出现了一个相关热潮。整件事始于 TikTok（短视频社交平台）上一位名

为 @ZKChillen 的用户[19]，他发布了一段 17 秒的视频。视频中播放着轻柔的钢琴曲，展示了纽约的几个地方——地铁、市中心的街道、住宅区，不知为何，还出现了一个小孩玩的吹泡泡机。"我最近听说了一种态度叫躺平，"博主说道，"它的意思是虽然没有辞职，却放弃了要在工作中出人头地的想法。"他继续抨击"忙碌文化"，反对把工作当作生活的全部。"但事实并非如此，"他总结道，"一个人的价值并不取决于你的工作。"

@ZKChillen 的视频受到了越来越多的关注，随之出现了许多同类视频，多数都是年轻博主，他们真诚地表达了自己对躺平的拥护。可想而知，传统媒体也很快开始追热点。8 月初，《卫报》（*The Guardian*）发表了一篇文章，副标题流露的虚无主义相当惹眼："现代工作的无意义和疫情，使许多人开始质疑自己的工作方式"[20]。《纽约时报》（*The New York Times*）和美国国家公共电台也在两三周后发表了类似的文章。[21,22] 甚至连《创智赢家》节目①（*Shark Tank*）的主持嘉宾凯文·奥利里（Kevin O'Leary）都对此发表了看法。（为免你好奇，他认为躺平是个"非常糟糕的想法"[23]。）

和其他的网络流行趋势一样，躺平运动最终也招来了大量高高在上的批评。那些喜欢把"现在的小孩"挂在嘴边的人，对

---

① 一档发明真人秀节目，为发明创造者提供展示的平台，获取投资赞助。凯文·奥利里是节目的主持嘉宾。——译者注

TikTok 上这些阴郁的主张嗤之以鼻。他们指出，一个人的价值或许不取决于你的工作，但你的薪水肯定取决于你的工作。还有些人则认为这个想法是种无意义的消极抵抗。他们辩称，如果你对工作不满意，就该和老板谈谈。躺平只会让老板不必为自己的经营不善负责。很快，网上的激进分子也开始加入论战，耻笑那些发视频的博主没有充分认识到，有些群体很难照他们的建议生活。老派极"左"人士的主张也在意料之中，他们试图模糊争论焦点，表示围绕这个话题的一切讨论，均是一种资产阶级徒劳无功的运动，因为他们认为唯有瓦解资本主义才能真正解决这些问题。[24]

如果我们抛开网上这些故作姿态的言论，就会发现躺平的核心实则是一个很实际的观点：你比想象中更能掌握自身的工作强度。躺平的人使用的策略很直接。例如，他们建议不要主动承担额外的工作，到了 5 点钟就下班，更要敢于拒绝，不让别人以为随时都可以通过电子邮件和信息找到你。许多躺平的人都反映，这些小小的改变会极大地左右工作负担造成的心理影响。这引发了我的思考。如果我们不再将躺平视作对工作无意义的反抗，而将其当作顺应季节的一个具体策略，会怎样？比如，你决定每年在某个季节——七八月或是从感恩节到新年之间的那段躁动时期躺平？你不必把这个决定当成什么大事。你只需悄悄地执行，然后再神鬼不觉地回归正常的工作节奏就好。

为落实这个办法,如有可能,你应该在模拟淡季开始前完成主要项目,然后等淡季结束后再开始新的大项目。有一个巧妙的策略是,在淡季承担一个强度低却很显眼的项目,你可以暂时用它挡掉新工作:"我很乐意负责那个内部评审的项目,但我这个月的首要工作是掌握这款新的市场营销软件,所以我们等明年年初再来做内部评审吧。"在选择挡箭牌项目时,有一个诀窍是,要选不需要大量协作、开会或紧急通信的项目。独立的写作或研究项目就很合适。

毫无疑问,如果你自己工作,淡季就更好安排了,因为你不必想办法遮掩。事实上,我后面会讲到,自由职业者可以更充分地利用季节。不过,眼下,我提出这个建议主要是想强调一个关键的发现:在大多数知识工作中,每年偷偷摸摸地放慢几个月的工作速度,并不会带来什么严重后果。如果你频频推掉项目,可能引起老板的注意;如果你很少接手新项目,也可能引发客户的担心;但如果你只是一两个月放慢一下工作节奏,别人不太可能察觉。这种策略虽不像乔治亚·欧姬芙那样大手笔,一到夏天就优哉游哉地去乔治湖避暑,但只要是长时间的放松,哪怕偷偷摸摸,也会给你的职业生活带来重大影响,让它更可持续。

缩短一年的工作时长

"二战"后,伊恩·弗莱明(Ian Fleming)接受了凯姆斯利报业的聘请，这位小说家后来创作出了以詹姆斯·邦德为主角的惊险间谍小说。凯姆斯利报业是一家英国媒体公司，创办了知名的《星期日泰晤士报》（Sunday Times）。弗莱明受聘为公司的外事经理，负责管理集团庞大的海外记者网络。他非常适合这份工作，毕竟他之前就职于英国海军情报部，在战争期间辗转世界各地。不过，我们要关注的不是弗莱明的新工作具体要做些什么，而是他接受这个职位时签署的合同。弗莱明与凯姆斯利达成协议，每年只工作十个月，剩下两个月是年假。

弗莱明签署了这样一份不同寻常的合同，其原因还要追溯到1942年。时年34岁的弗莱明在军中任指挥官，他被派往牙买加参与黄金眼行动，调查德国的U型潜艇在加勒比海的动向。弗莱明自此爱上了这座宁静美丽的小岛，发誓战争结束后，定要找机会再回来。1946年，弗莱明等来了一个兑现誓言的机会，他得知奥拉卡贝萨湾附近的小镇上，有一块6公顷的地皮要出售。这块地并不是太好，坐落在一个低矮的岬角上，覆满热带灌木丛，以前是个赛驴场。但弗莱明看到了它的潜力。他给中介发电报买下了这块地，然后清理出一块地方，建了一栋简朴的平房，屋内是水泥地面，勉强接了水管。"面朝大海的窗户没有玻璃，"弗莱明的新居建成后不久，旅行作家帕特里克·莱斯·弗莫尔（Patrick Leigh Fermor）曾前去参观，之后如是写道，"但为了防雨，外面装了遮光板。这扇巨大的方窗……仿佛将各种自然元素框成了一幅千变万化的壁画,让人百看不厌。"[25] 为了纪念一切的缘起,弗莱明将他这座简朴的庄园命名为"黄金眼"。

这就是为什么弗莱明在合同中要求两个月的假期。他每年都要逃离伦敦阴郁的冬天,在"黄金眼"享受他一手打造的慢生活,实现战争期间暗自许下的诺言。最初,弗莱明隐居纯粹只为享乐。在岛上时,他早上会在房子下面的海湾里浮潜,之后就把精力放在寻欢作乐上——这是英国上流阶级的典型活法,以弥补他们在战争期间经历的黑暗。但 1952 年,弗莱明在新婚妻子安·查特里斯(Ann Charteris)的劝说下,开始在牙买加度假时写作。他的妻子认为写作能让他摆脱一些私生活的压力。这份压力具体说来就是,他的情人怀孕了,他决定和她结婚。一想到又要结婚又要做父亲,弗莱明郁郁寡欢,他的新婚妻子便建议他用写作来分散注意力。所以说,伊恩·弗莱明可不是什么值得学习的道德楷模。那年冬天,他完成了《皇家赌场》(*Casino Royale*)的手稿,也就是第一部詹姆斯·邦德小说。此后,弗莱明就照这个安排,陆续写了十几本书:秋天在伦敦构思新小说的情节大纲,然后沐浴着牙买加清晨的阳光,在"黄金眼"写完初稿,春天再回国完成出版前最后的编辑工作。

这些按季节外出度假的故事都带有一种浪漫主义色彩,既让人心向往之,又让人哀叹难以实现。弗莱明在加勒比冬季的热带阳光下获得了创作灵感,塑造了现代类型文学中最经久不衰的一

慢生产力

个人物，恰似乔治亚·欧姬芙在阿迪朗达克山南部找到了自己独特的艺术风格。要是我们也有办法，每年都有很长一阵子可以摆脱常规的职业生活，或许我们也能获得类似的解脱和创造力。虽然在"二战"后的英国，像弗莱明这样的人轻而易举就能实现这一点，但对于在21世纪从事知识工作的大多数人来说，却遥不可及。我们唯一的选择似乎就是像之前的策略中介绍的那样，模拟淡季。当然，这肯定远远不似去海边度假那么大手笔，可总比没有好。

但是，弗莱明的模式在今天真的那么遥不可及吗？请回想一下，我在第三章中介绍的珍妮·布莱克。和弗莱明一样，布莱克每年也会从工作中抽出两个月的时间。不过，和弗莱明不同的是，她不必利用自己上流社会的地位来和雇主谈条件。她自己经营着一家小型企业培训公司，只需在合同中规定每年有两个月不提供服务即可。这么做无疑会减少她的收入，但当我和布莱克谈及她的工作安排时，她向我解释说，她追求的不是尽可能地赚钱，而是尽可能地提高生活质量。每年减少大约20%的收入，调整自己的生活预算，以此换来一年一度的长假，可以说非常公平。

作家安德鲁·苏利文（Andrew Sullivan）的工作模式也与此类似。每年8月，他都会离开炎热的华盛顿特区，前往科德角北端的普罗温斯敦，他在那儿有一栋别墅——毗邻海滩，古色古香，好似安妮女王①时期的建筑。苏利文以前是《新共和》(*The New Republic*) 杂志的编辑，现在几乎全职在 Substack（美国出版和通讯平台）平台上写文章，靠读者付费订阅为生。从理论上讲，读者每月都会付费阅读他的文章，这种情况下他每年夏天还要消失数周似乎很不合适，但他的订阅者倒不怎么介意。苏利文通常会在仲夏发表一篇文章，讲一讲他接下来的休假安排，行文总是透露出迫不及待的心情。几周后，他会精力充沛地归来，他和读者都对此非常满意。

还有一些人采用弗莱明的工作模式，他们的休假时间并不像布莱克或苏利文那样规律。例如，我在 2012 年出版的《优秀到不能被忽视》(*So Good They Can't Ignore You*) 一书中，介绍了一位名叫露露·杨（Lulu Young）的自由数据库开发工程师，她就会不定期地休假。没有重大项目时，她经常会花几周时间去旅行或培养新爱好。我为了写书前去采访她时，她已利用最近的工作间隙学会了潜水，考到了飞行员执照，还去泰国探了亲，在那儿待了六周。然而，除了这些大冒险，她也很享受心血来潮地休息一两日的快乐。"这种时候，我多半会带侄女或侄子出去玩，"她告诉我，"市内的儿童博物馆和动物园，我可能去得比谁都勤。"[26]

---

① 英国斯特亚特王朝的女皇，1702 年至 1714 年在位。——译者注

标准的上班族上有老板下有工时规定，很难实现一次性休息数周乃至数月的梦想。但要是你自己工作，那么鞭策你全年无休的主要力量可能是文化传统。弗莱明、布莱克、苏利文和杨决定长时间暂停工作，也并没有招来什么可怕的后果。短期内他们或许是少赚了一些钱，但我敢打赌，从个人的角度来说，他们一定都觉得这点牺牲非常值得。

实施"小季节"策略

不是只有一整个季度都放缓工作，才算顺应季节。在更小的时间尺度上调整工作强度，也有助于实现自然的工作节奏。这个建议的总体目标是，让你避免一整年都处于高度焦虑的工作状态之中，一点儿变化也没有。去乔治湖避暑当然可以打破这种不自然的工作节奏，但每个月随便抽一两个工作日出来休息，也可以达到同样的效果。我把后面这种更保守的做法称为"小季节"。下面，我将详细介绍有助于落实这个理念的四条具体建议。我想用这些例子抛砖引玉，启发你想出更多点子，为你的工作节奏带去必要的变化。

周一不开会

周一不要安排会议。你不需要公开你的这个决定。别人问你什么时候有空开会或电话沟通时，不再定在那一天即可。周一其实只占你每周工时的20%，所以即便你实施这种"会议禁令"，别人也不会觉得你好像总是没空似的。然而，这样做对你大有好处，因为你可以更平缓地从周末过渡到工作日。如果你第二天的日程安排很少，周日晚上就不会显得那么沉重了。减少了干扰，你每周也就有了一个固定的时间段，可以处理那些艰巨却重要的项目，让自己的工作更有意义。当然，其他日子也一样。也许周五不开会更适合你的工作节奏，也许你发现在周中找一天空下来更好。总之，关键就是要在纷乱的工作安排中，多少守住一处平静的堡垒。

每个月看一次午后场电影

在工作日的下午走进电影院，有助于转换大脑。这种体验很不同寻常——大多数人现在可都在工作——能让你从平日的焦虑状态中解脱出来。这种心理上的转换具有净化作用，应该定期进行一次。我建议每个月抽出一个下午去看电影，提前在你的日程表上留出时间，以免被什么临时安排绊住。就大多数办公室工作而言，就算你每隔 30 天左右消失一个下午，也没有人会注意到。如果有人问你要去哪儿，你就说有点"私事"。这也是实话。当然，你应该合理规划时间，以免错过重要的事情。如果遇上紧急情况或者这周工作异常紧迫，也可以改天再安排你的小假期。如果你对这个决定感到有些内疚，不妨想想你以前是怎么加班的——晚上还要查收邮件，周末还要对着电脑赶工。偶尔在工作日下午溜个号，无非只是平账而已。你也不一定非要去看电影，只要能收获一样的效果就行。其他活动也可以。以我自己的经验为例的话，参观博物馆和远足也有异曲同工之妙。这招的核心观念是，即便只是在工作日小小的溜个号，也足以减少工作带来的疲惫，毕竟那些工作乏味得像踩节拍器。

规划休息项目

在日程表上为一个重要的新项目预留大块时间，可能让人倍感压力。每增加一个新的安排，都意味着你近期的生活弹性会降低，工作强度会上升。繁忙时期，眼看日程陆续被填满，你可能多少会觉得有些绝望。"这么多工作，我怎么做得完？"一个巧妙的办法可以平衡这种压力，那就是为每一个重要的工作项目，搭配一个相应的休息项目。这个理念很简单：你在日程表上为重要的工作项目腾出时间后，就在接下来的几天或几周内安排时间去做一些与工作无关的休闲活动。比如，你是一位教授，来年春天要去担任教师招聘委员会主席。这次招聘或许会让你一直忙到 5 月初。作为补偿，你可以在 5 月下旬抽出几个下午的时间，看完弗朗西斯·福特·科波拉[①]在 20 世纪 70 年代拍摄的全部电影，或学习一门新语言，或重新启用你后院里的爱好工坊。关键是要取得适当的平衡。难才有趣。工作项目越有挑战，事后就越能享受到乐趣。纵然这些休息项目都不怎么起眼，远不及与之相

---

① 弗朗西斯·福特·科波拉（Francis Ford Coppola, 1939 年— ）：美籍意大利裔导演，在 20 世纪 70 年代执导了著名的《教父》系列电影。——译者注

对的工作项目，但这种一松一弛的节奏，仍然能持续让你感觉到变化。

按周期工作

软件开发公司 Basecamp 素有勇于尝试创新管理的美名。这倒也不奇怪，毕竟该公司的联合创始人兼现任首席执行官贾森·弗里德（Jason Fried）以前出过一本书，其名为《重来了：跳出疯狂的忙碌》。Basecamp 有项不同寻常的政策，就是将工作整合成"周期"。每个周期持续六到八周。在这几周中，团队会专注地完成明确而紧急的工作目标。不过最关键的是，每个周期后面都跟着一个为期两周的"冷却期"，员工可以在此期间休息，解决些零碎的小问题，并决定接下来要做什么。"有时为了多做些事，有些人会延长工作周期，占用冷却期，"Basecamp 的员工手册里写道，"但我们的目标是要抵制这种诱惑。"[27]

他们的策略顺应了人类劳动固有的季节性。如果 Basecamp 要求员工不间断地铆足干劲工作，那么陷入倦怠之后，员工的整体工作强度其实会下滑。相反，要是他们在每个工作周期之间定期休息，将会提升工作周期内的工作质量。后者最终的整体成效会优于前者。对员工来说，也更可持续。

将周期的概念引入自己的工作中，大体上相当于更有条理地同时运用上文提到的休息项目和季节性躺平两项策略。你甚至可以拿出 Basecamp 的员工手册当作佐证，提议公司正式定下按周期工作的政策。如果你担心别人如何看待这个建议，那也可以自己悄悄实施，不让其他人知道。两周的"冷却期"很短，还不至于害你背上逃避重大工作的坏名声。如果硬要说这么做会产生什么影响，那也是你在工作周期内的高质量工作很可能越发出彩，从而让雇主对你的印象越来越好。

题外话：杰克·凯鲁亚克不是只用三周就写完了《在路上》吗？

1959 年，杰克·凯鲁亚克亮相《史蒂夫·艾伦秀》（*The Steve Allen Show*）。这期节目是为了宣传他们俩刚刚发行的一张诗歌专辑，由凯鲁亚克朗诵，艾伦弹钢琴伴奏。但谈话刚开始时，重点却是凯鲁亚克两年前出版的那本成名作《在路上》。凯鲁亚克的这本畅销书是一本印象派的旅行日志，反思了"垮掉的一代"的种种理念，行文深受爵士乐的启发，是行云流水的意识流，好比书中主人公萨尔·帕拉戴斯（Sal Paradise）的一段话。

我只对疯狂的人感兴趣，他们疯疯癫癫地生活，说些疯言疯语，疯狂地追求救赎，什么都想要。他们从不打哈欠，从不说陈词滥调，而是像金光璀璨的罗马焰火筒一样燃烧，燃烧，燃烧。

这段话读起来一气呵成,仿佛凯鲁亚克脑海中的想法直接滚落到了噼啪作响的打字机上。在《史蒂夫·艾伦秀》上,凯鲁亚克又强化了这种印象。[28]

"凯鲁亚克,我要问几个比较直接的问题,我想答案会很有趣,"艾伦说,"《在路上》你写了多久?"

"三周。"凯鲁亚克答道。

"多久?"

"三周。"

凯鲁亚克进一步解释说,他不仅以狂热的精力在三周内完成了这本书,还直接把稿子打在了一卷长得出奇的电传纸上,这样他在创作时就不必停下来给打字机换纸了。他的妹夫约翰·桑帕斯(John Sampa)后来也曾细说:"他的稿纸不停滚动着,快得几乎来不及呼吸。用凯鲁亚克的话说,这是因为路在飞快延伸。"[29]

杰克·凯鲁亚克文思泉涌,下笔如有神,我之所以提到这个老生常谈的故事,是因为它精准地反映了反对慢生产力第二原则的一种主流意见:自然的工作节奏有时候太慢了。反对者认为,重要工作需要持续的高强度输出,乃至近乎痴迷地沉醉其中。延长时间线,张弛有道地工作,可能会让日常工作变得更容易一些,但重要工作是另一回事。

毋庸置疑，虽然重要项目确实常常需要我们暂时全力以赴地工作一段时间，但我不认为，凭着一股势不可当的精力一口气做完是处理重要工作的常态。我们不妨说回凯鲁亚克。2007 年，他的妹夫在接受美国国家公共电台采访时曾澄清过，凯鲁亚克当初告诉艾伦，他在三周内"写完了"《在路上》，但他真正的意思是，他在那段时间把初稿打了出来而已。凯鲁亚克为这本书花的时间要长得多：1947 年至 1949 年间，他在自己的日记中创作了这部小说。结束那段广为人知的疯狂打字期后，他又花六年时间完成了其余六份不同的草稿，以获得出版商的认可。

"凯鲁亚克创造了一个神话，让人以为他是那种兴之所至的作家，写东西从不需要修改，"研究凯鲁亚克的学者保罗·马里昂（Paul Marion）说，"但事实并非如此。他实际上是一位技艺高超的工匠，会雕琢他的作品和写作过程。"[30] 换句话说，《在路上》读起来虽然一气呵成，但和大多数禁得起时间考验的作品一样，它的创作节奏其实相当缓慢。

建议：诗意地工作

诗人玛丽·奥利弗体现了按自然节奏工作的精髓。奥利弗童年多舛，她喜欢在家乡俄亥俄州的森林中漫步，寻求慰藉。2015 年，她罕见地接受了美国国家公共电台克里斯塔·提培特

(Krista Tippett）的采访。"我认为，这救了我的命。"[31]她在采访中如是说。诚如奥利弗所言，为了在那段黑暗的时期寻找光明，她长时间地在森林里漫步，逐渐发现了大自然蕴藏的诗意。

我说过，我不喜欢待在室内。我在学校里打破的唯一纪录就是旷课率。我经常带着书钻进森林里——包里装着惠特曼的诗——不过，我也喜欢运动。于是，我开始把我脑海中闪现的东西随手记在一些小本子上，之后再把它们写成诗。

从俄亥俄州搬到新英格兰后，奥利弗仍保持着这种户外散步和随手记录的习惯。她在新英格兰安定了下来，开始创作以自然为主题的诗歌，这些诗凄美而天然。奥利弗的工作节奏从容不迫，但她的职业生涯可以说硕果累累。1984年，她所著的第五本诗集荣获普利策奖。1992年，她的诗集《新诗选》（*New and Selected Poems*）荣获美国国家图书奖。2019年，奥利弗去世，被誉为20世纪读者最多、最受喜爱的诗人。

我想用奥利弗的例子说明落实慢生产力第二原则的最后一条建议：有时遵循自然的节奏，不仅涉及你为某个项目投入的时间，还涉及你的工作环境。法国哲学家加斯东·巴什拉（Gaston Bachelard）在《空间的诗学》（*The Poetics of Space*）中说，不要低估环境能在多大程度上改变我们对现实的认知。比如，在讨论住宅的意义时，巴什拉有句名言："居住空间胜于几何空间。"[32] 楼梯不是一组按一定顺序排列起来的向上的台阶，而是童年时，在多雨的夏日午后，你和兄弟姐妹共同玩耍的地方。楼梯的外观和细节，均与复杂的人生体验交织在一起。

这些力量也会影响我们的工作。奥利弗去林间漫步，并不仅仅是图个清静。户外的环境与她的过去有着千丝万缕的联系，相比坐在家里精致的书桌前写作，这种环境能让她的工作变得更有生命力、更丰富多彩、更自然。因此，本节的这条建议希望你也用这种诗意的视角，审视自己是在何种环境下完成重要工作。用心选择工作的物理空间和工作仪式，不仅可以将你的工作体验变得更有趣、更可持续，还可以更充分地挖掘你潜在的才华。当然，诀窍仍在于找到适合你自己的"林间漫步"。下面这些具体的方法，将帮助你实现这一目标。

让环境与工作契合

想要构建一个更高效的工作空间，有个浅显的方法是让环境要素与你想要完成的工作契合。例如，玛丽·奥利弗长时间在她想要描绘的森林间散步，非常有助于她写自然诗。奥利弗并不是唯一一个追求这种相称的人。许多作家都会依据他们作品的特点，利用环境细节辅助创作。例如，在创作《汉密尔顿》时，林-曼努尔·米兰达获准在莫里斯-朱梅尔公馆里写作。

这是曼哈顿现存最古老的房子，哈林高地战役期间乔治·华盛顿（George Washington）曾把这儿作为指挥部，阿伦·伯尔（Aaron Burr）在担任副总统时也曾在此居住。米兰达说："我很喜剧中所有故事就曾发生在我们楼下。"[33]

还有家住纽约伍德斯托克的尼尔·盖曼（Neil Gaiman），在自家后面的森林里，建造了一间简陋的八角形写作小屋。小屋架在低矮的脚柱上，四面都是一望无际的树林。网上有张盖曼书房的照片，可以看到里面有一张简单的书桌、一个笔记本和一副用于观察野生动物的双筒望远镜。[34] 盖曼善于利用细致入微的观察，将自然主义巧妙地融入笔下那些黑暗的场景中，这样的布置很适合他。至于丹·布朗（Dan Brown），他用创作《达·芬奇密码》（Da Vinci Code）赚到的钱，在新罕布什尔州的拉伊海滩边精心建造了一栋房子。室内的装修净是哥特风格，也就是他所写的流行惊悚小说的常见风格。按下书房里一个隐秘的按钮，书架就会向侧面打开，露出里面的陈列柜。触摸客厅中一幅画的一角，就会出现通往密室的入口。浴室门内侧装饰着达·芬奇的一页笔记。按照达·芬奇的习惯，为了保密，这页笔记的字迹也是反的。但只要关上门，你就可以透过浴室的镜子，解读笔记的内容。[35] 你我可能觉得这样的房子太夸张，让人心神不宁。但是，如果你靠写惊悚小说为生，需要荒诞不经的神秘阴谋作为素材，那么这栋房子或许正能帮你找找感觉。

只要发挥一点创意，许多非写作类职业也可以利用这些原则，收获差不多的效果：用 20 世纪中叶《广告狂人》(*Mad Men*) 似的现代风格装饰办公室，或许能帮广告主管找到灵感；音乐主管或许可以在办公室里放满乐器；工程师则可以摆放一些待组装的小玩意。多年来，弗朗西斯·福特·科波拉一直习惯于在他的各个制片室里放着烙铁、开关和二极管。他从小就喜欢摆弄电子产品，他认为这些工具有助于让他再次认识到，从零开始制作一件事物的意义。[36] 每当我看到一间普普通通的家庭办公室，里面放着白色的书柜，挂着常见的办公挂画，我总禁不住想，房主其实有很多方式可以重新把这个环境打造得更契合自己的工作。

奇异陌生好过光鲜亮丽

20 世纪 60 年代末，作家彼得·本奇利和妻子温迪想在纽约附近找一个安静的地方居住。他们考虑过新泽西州的普林斯顿，但负担不起，最终定居于十几公里以西的一个小社区彭宁顿。本奇利在这里开始创作他的第一部小说，它讲述了一个耸人听闻的故事，一个海滨城镇深受一条大白鲨的威胁。我很早就知道《大白鲨》和彭宁顿之间的联系，因为我小时候就住在本奇利夫妇所在的那条街上：他们买的房子由马车房改建而成，占地很广，周围环绕着针叶树林。小时候我在阁楼上的卧室里做作业时，偶尔会想象本奇利也曾这样俯瞰着街边的草坪，构思他笔下的经典场景。

最近，我才失望地得知，本奇利并不是在彭宁顿那充满田园风光的住宅中写出《大白鲨》的。2021年，约翰·麦克菲在《纽约客》的一篇文章中透露，他记得那些年，本奇利在一家造炉厂后面租了一间房，用来工作。[37] 在霍普韦尔谷历史协会的协助下，经过一番调查，最终确定那家造炉厂是彭宁顿熔炉制造公司，地址位于彭宁顿大街北面的布鲁克斯德大道上。温迪后来被问及此事时，说她仍清楚地记得那里的噪声："他们就在他的办公室周围造炉子。砰！砰！砰！——但他丝毫不受打扰。"

放弃舒适的居家环境，选择在条件更差的环境中工作的作家，并非只有本奇利一人。例如，玛雅·安吉罗会去酒店写作，她要求服务人员搬走墙上的所有艺术品，每天只进房间倒垃圾。她每天早上6点半来酒店，随身携带着一本《圣经》、一本黄色的便笺簿和一瓶雪利酒。她不用写字台，直接躺在床上工作。她曾在一次采访中对乔治·普林普顿（George Plimpton）说，这个习惯让她的一只手肘上"长满了老茧"。大卫·麦卡洛（David McCullough）曾定居马撒葡萄园岛的西蒂斯伯里地区，住在一栋漂亮的白瓦房里。屋里有一间布置精美的家庭办公室，但麦卡洛更喜欢在后院一个装修过的花园棚屋里写作。约翰·斯坦贝克（John Steinbeck）还更有过之。在职业生涯后期，斯坦贝克每年都会去萨格港，在一栋占地1公顷的庄园里度夏。斯坦贝克曾告诉他的文学经纪人伊丽莎白·奥蒂斯（Elizabeth Otis），他会离开这座海滨天堂，去自己的渔船上，支一张折叠桌，在笔记本上写作。

2021年春天，我首次发表了一篇文章专门讲述这些奇特的写作空间。[38] 当时，新冠疫情已逐渐度过最危急的阶段，商业界开始思考远程办公是否可以作为一种常态，而非仅仅应对公共卫生危机的短期措施。我写那篇文章的本意，是想就这种可能发出警告。从某种意义上说，职业作家就是最早的远程办公者。但研究他们的习惯后，你会发现，他们经常想尽办法去其他地方工作——随便什么地方都好，只要不是在自己家。哪怕要忍受造炉厂挥铁锤的叮当声，也在所不惜。

居家办公的问题在于，家里充满了熟悉的事物，而它们会分散我们的注意力，干扰对深入思考来说必不可少的神经元活动。当我们看到家庭办公室（即卧室）外的洗衣篮时，哪怕我们很想专注于需要完成的紧急工作，大脑也会自动联想到做家务的场景。这种现象是我们的大脑天生善于联想所致。洗衣篮处于一个会带来压力的繁重矩阵中，这个矩阵里全是待处理的家务，用神经科学家丹尼尔·列维京（Daniel Levitin）的话来说，它会让"试图连通意识层面的神经节点堵成一团"。在这种情况下，工作也磕磕绊绊地挤在众多引发压力的要求之中。

这就是为何本奇利要躲进造炉厂，麦卡洛要窝在花园棚屋里。他们在为创造有价值的作品，寻找一个有利的心理空间，避免触发他们的关系记忆系统，进而减缓对时间的感知，集中注意力追求唯一的目标。其中的重点是，家庭外的工作空间环境是否优美并不重要。虽然在风景如画的新英格兰森林中漫步，让玛丽·奥利弗有了更深层的领悟，但玛雅·安吉罗在平平无奇的廉价旅馆里也有同样的收获。关键是要脱离熟悉的环境。并不是只有真正的宫殿才能成为凝聚创造力的城堡，只要是个没有洗衣篮的地方就可以。

2021年，我在文章中通过这些观察，论证了远程办公和居家办公之间的区别。我主张，如果企业想要关闭中央办公室，就应该利用省下来的资金，帮助员工在家附近找到适合工作的地方。让员工摆脱熟悉的环境，可以提高总体的生产力和工作满意度。在此，我还要多说一句，你在为自己的工作创造更有诗意的环境时，也要牢记类似的道理。陌生才有力量，不美观也无所谓。在寻找工作地点时，要警惕那些过于熟悉的地方。

仪式就要不同凡响

人们常常误解古希腊的神秘教派。凯伦·阿姆斯特朗（Karen Armstrong）在2009年所著的佳作《为神而辩》中说，公元前6世纪发展起来的那些神秘仪式，"既不是懵懵懂懂地放弃了理性,也并非沉湎于疯疯癫癫的咒语"[39]。相反,那些仪式都经过精心设计,旨在让执行仪式的新教徒产生特定的心理状态。

例如,每年雅典西面的厄琉西斯镇都要举行厄琉西斯秘仪,以纪念女神得墨忒耳前来厄琉西斯寻找她的女儿普西芬尼。阿姆斯特朗指出,自新石器时代以来,厄琉西斯镇可能一直在举办某种秋季庆典,但直到6世纪,镇上才新建了一座宏伟的礼拜堂,以举行更正式、更有影响力的宗教活动。每年秋天,都会有一批新教徒自愿参与仪式。他们首先要在雅典禁食两日。然后,向普西芬尼献祭一只小猪,再徒步前往厄琉西斯镇,全程大约30公里。上一年参加仪式的教徒会在途中参与进来,一边骚扰和威胁新教徒,一边反复呼唤司掌宴饮的酒神狄俄尼索斯。阿姆斯特朗写道,这么做的目的是"让人们陷入癫狂的兴奋之中"。夜幕降临后,新教徒终于行抵厄琉西斯镇,他们又疲惫又紧张,只能跟着火把的幽光穿街过巷,不辨东西的感觉越发强烈,直至最终被驱赶进漆黑一片的仪式大厅。[40]

大厅里的仪式详情对外保密,我们只知道一鳞半爪,其中可能包括动物祭祀和神秘启示。阿姆斯特朗认为,可能还会有一个"极其震撼的事件",比如将孩子推入火中,在千钧一发之际才救回来——所有这一切都发生在明暗交替的环境中,周围火光闪烁,充斥着非自然的声音。根据一些报道,仪式最终会描绘普西芬尼从冥界归来,与母亲团聚,呈现出一幅栩栩如生的"欢乐"

景象。

如阿姆斯特朗所言，厄琉西斯秘仪并不是要传达一个需要新教徒信奉的理性教义。要是把整场仪式完整地记录下来，客观来看似乎杂乱无章。神秘仪式的意义其实在于它能引发的心理状态。许多参与者都表示，参加完仪式后，他们不再惧怕死亡。有些人说这次体验犹如神灵附体。"亚里士多德后来精辟地概括了这个宗教流程，他一语道破新教徒不是为了去厄琉西斯镇学习（*mathein*）什么东西，"阿姆斯特朗概括道，"而是为了体验（*pathein*）和彻底转变心态（*diatethenai*）。"[41]

这些宗教活动的力量并不在于活动的具体内容，而在于对人心的改变。仪式越是不同凡响，便越有可能引发有益的改变。玛丽·奥利弗长时间在林间漫步，就是一个很好的研究案例。她走过的路越来越多，越来越深入森林，触动了她内心深处的许多情感锚点，她的精神状态也随之变得更加自然、更加包容。可以想见，要是她只是坐在森林边缘，可能就不会受到这么大影响了。要激发她的创造力，除了需要漫步的环境，长时间漫步的仪式也必不可少。

这类富有诗意的仪式非常丰富。在《创作者的一天世界》中，梅森·柯里记录了数十位伟大的思想家和创作者古怪的日常惯例，这些惯例五花八门，都有助于转换思维。大卫·林奇（David Lynch）会去"鲍勃的大男孩餐厅"点一大杯巧克力奶昔。然后，他会在糖分的刺激下，抓住从潜意识里冒出的一个又一个想法，草草写在餐巾纸上。[42] 怀斯会在早上 5 点起床，劈一个多小时的柴，然后徒步前往山上的画室。[43] 安妮·莱斯（Anne Rice）会在白天补觉，晚上写《夜访吸血鬼》，静谧的黑夜能让她找到创作哥特式故事的感觉。[44] 格特鲁德·斯坦（Gertrude Stein）住在法国安省附近的乡间时，会在上午 10 点起床，喝一杯咖啡，然后躺进超大的浴缸里泡个澡。穿好衣服后，她会和伴侣爱丽丝 B. 托克拉斯（Alice B. Toklas）一起开车在周围的乡野间兜风，寻找一个适合工作的好地方。一旦找到这样的地方，斯坦就会拿着铅笔和写字板，坐在露营凳上开始写作。[45]

对此，我的建议分为两个部分。首先，围绕你认为最重要的工作，形成你自己独特的仪式。其次，在这个过程中，确保你的仪式不同凡响，从而有效地使你的精神状态变得更利于实现你的目标。慢生产力第二原则要求我们遵循自然的工作节奏。因此，本章很适合以创建工作仪式结尾，因为在工作中加入一抹诗意的神秘色彩，能比其他策略更有效地改变你对时间的感知，让你摆脱焦虑，崇尚自然。

第五章
执着追求质量

慢生产力第三原则

　　太平洋海滩是圣迭戈的冲浪胜地，深受长板爱好者的喜爱。20世纪90年代初，附近的一条小街上，出现了不同寻常的一幕。每周四晚上，都有一群人聚在"内在蜕变"咖啡馆。起初，人并不算多。但没过几周，便宾客如云，坐满了整间咖啡馆。实在挤不下的人就聚集在外面的人行道上，一边透过咖啡馆的玻璃窗朝里面张望，一边聆听小音响里传出的店内音乐。

　　他们都是为一名年仅19岁的创作型歌手而来，人们只知道她叫珠儿（Jewel）。那时候，珠儿以车为家，靠打零工和在圣迭戈海滨卖艺勉强为生。她的健康状况岌岌可危。在"内在蜕变"咖啡馆引起轰动前不久，她还曾因肾脏感染而病倒，发着烧，在后座上呕吐不止，她的车就停在急诊室外，医院却因为她没有医保而不肯收治。一位医生目睹了这一切，专程去停车场找她，免费给了她一个疗程的抗生素，救了她的命。

在那段岁月里，救珠儿于水火的是她的一项才能，她可以独自在舞台上用吉他演奏史诗般的民谣。这是她大半生都在培养的才能。珠儿小时候，她的父母会在阿拉斯加州安克雷奇的多家旅馆里表演音乐节目。珠儿五岁就开始和父母一起登台[1]，穿着手工制作的瑞士民族服饰，表演约德尔唱法①。(她的祖父母是从瑞士移民到阿拉斯加的。)她坚持不懈地练习，最终掌握了这个技巧，打好了发声控制的基础，日后给她的职业生涯带来极大的帮助。

珠儿八岁时，父母离了婚。母亲离开了，留下父亲独自一人抚养孩子。他回了老家，住在阿拉斯加州霍默市的比目鱼捕捞中心外面。一家人很快就全靠音乐过活，珠儿接替了母亲的角色，在父亲的带领下唱和声，她弟弟则负责操作调音台。在高档酒店演出的日子一去不返，一家人现在只能长期在"下等酒吧、餐馆、伐木工混迹的地方和退伍军人酒吧"[2]演出。珠儿最喜欢摩托车手聚集的酒吧，因为那些胡子花白的男人及其强悍的妻子会保护她。

珠儿余下的童年颠沛流离。她在霍默和安克雷奇之间来回奔

---

① 一种瑞士传统唱腔，特色是真假音交替演唱。——译者注

波，并继续跟着父亲在州内巡演。他们走遍了大城小镇，也深入欠发达的偏远之地，有一次甚至在因纽特人那与世隔绝的村落里进行了一场难忘的演出。十几岁时，珠儿独自住在一个小木屋里，不管你相不相信，她当时会骑马进城上班（她还没有驾照）。她遇到了一位名叫乔的舞蹈教练，他正在霍默办一个为期两周的培训班。原来乔任教于著名的因特洛肯艺术学院，该学院位于密歇根州特拉弗斯城外，占地500公顷。经过童年时期马拉松式的表演，珠儿的歌喉早早便趋于成熟，令乔印象深刻，乔协助她申请因特洛肯艺术学院。珠儿走完了面试流程，被录取了，但她花了一段时间才适应这里的新文化。入学不久，她就被院长叫去办公室，被教育说腿上绑着剥皮刀在学校里走来走去影响不好。

在因特洛肯艺术学院，珠儿接受了专业的声音训练，总的来说，她这才开始正经追求艺术事业了。还有一点也很重要，她开始写歌了。由于负担不起回阿拉斯加的旅费，她便在学校放假时，背着吉他到处搭便车旅行。她以旅途中的见闻为灵感，在路上写下了《谁来拯救你的灵魂》和《你注定属于我》等歌曲的初稿。

毕业后，珠儿又开始流浪，最终去了她母亲定居的圣迭戈。她们曾一起住了一段时间，但后来负担不起房租，被扫地出门了。珠儿便在太平洋海滩附近找了一个停车位，以车为家，比邻一株很好看的开花树。有一天下午，她走回停车位时，偶然路过看起来已经有些凋敝的"内在蜕变"咖啡馆。珠儿跟店主南希打了招呼。她们聊了起来，南希透露她正计划关掉这个要死不活的店。珠儿灵机一动，给了一个提议。

"你还能再撑两个月吗？"[3]珠儿问道。

"为什么这么问？"南希答道。

"如果我能招来客人，能不能把门票钱给我，餐饮的收入都归你，我们一起努力把咖啡馆经营下去？"

南希同意了，于是珠儿背着吉他去圣迭戈海滨为她的演出做宣传。每逢有人停下来听她唱歌，她便会请他们周四晚上来"内在蜕变"看演出。首次在咖啡馆登台演出时，珠儿只拉来了少数几个冲浪者。观众寥寥无几，却并不妨碍珠儿"倾尽心血"[4]。她回忆称：

他们来了，我便敞开心扉，毫无保留。他们很喜欢我。我知道这听起来很浅显，但事实并非如此。那就是百分百真实的我……没有一丝伪饰。他们听哭了，我也哭了。那是一种真实的连接。那是我人生中第一次与人产生真正有意义的连接，并不可怕，感觉很好。

迄今为止，才华与痛苦两种力量一直相互交缠着，塑造了珠儿的人生。她决定袒露自己,使得演出天然去雕饰,大多数人都备受触动。消息不胫而走。第一场演出只来了两三个冲浪者,但接下来的每一周观众人数都在翻倍。仅仅六个月,粉丝就挤满了咖啡馆外的人行道。不久之后,唱片公司的高管开始坐着豪华轿车,前来聆听这名年轻人轰动一时的演唱。珠儿回忆说:"每家唱片公司都来了,每一家。"[5]然后,他们开始带着她飞往各个高级办公室开会。就此掀起一场竞价战,最终给珠儿带来了一笔直接摆在桌子上的签约金,数额高达百万美元。

然而珠儿的决定,让她的故事与我们探讨的慢生产力息息相关。生活的巨变让她应接不暇,她既踌躇满志又倍感恐惧,最终做出了一个出人意料的决定。她要签约一家公司,但她想要的不是钱。"我拒绝了预付款,"她回忆称,"拒绝了一百万美元的签约金,而我那时还无家可归。"[6]

珠儿最初在"内在蜕变"咖啡馆引发关注时,她既没有经纪人,也没有律师。每周四晚上的演出结束后,各个唱片公司的高管都会请她出去吃饭,她有些惶恐,于是去图书馆借了一本书,名为《音乐行业须知》(*All You Need to Know About the Music Business*)。通过这本书,她了解到签约金实际上相当于贷款,日后需要靠自己的收入来偿还。珠儿迅速算了一笔账,要想偿还唱片公司的百万美元签约金,她必须立马卖出大量唱片才行。这几乎不可能,她是个民谣歌手,而当时业内的主流音乐是垃圾摇滚,遑论她做职业歌手还不到一年,其中大部分时间都只是在同一家咖啡馆演出。

"我必须为自己创造一个环境,让自己成为一名成功的创作型歌手。"[7]她回想道。而她实现这一目标的方式就是放低身价。珠儿认为,如果唱片公司没有为她花太多钱,那么就算她没有一炮而红,公司也不太可能就此放弃她,反而会给她想要的自由,让她去磨炼自己的技艺,追求新颖独特的音乐。"我这么做只是为了把艺术放在首位,"[8]她后来解释说,"我不想滥用我的艺术。"[9]她用一句格言来形容自己的做法:"好木材,长得慢。"

她签约了大西洋唱片公司,公司为她提供了20个不同的制作人人选,其中不乏业内炙手可热的人物,他们善于打造流行金曲。然而,珠儿追求的是与众不同的东西:一种更原始、更真实的声音,所以20个人当中她一个也没选。大约就在这段时期,珠儿及其经纪人听到了尼尔·杨(Neil Young)的《秋月满》(Harvest Moon)。她意识到这才是她追求的音乐。他们翻看CD背面,找到了制作人的名字:本·基思(Ben Keith)。珠儿让她的经纪人打电话给基思,问他是否愿意参与制作她的专辑。他答应了。珠儿便离开了繁华的洛杉矶,前往尼尔·杨在北加州的牧场,在那儿待了几个星期,与尼尔的全明星伴奏乐队"流浪短吻鳄"合作,一起为她的唱片录制歌曲。

1995 年，珠儿终于发行了第一张专辑《破碎的你》(Pieces of You)，却惨遭失败。"电台不喜欢，公众不喜欢，他们都对我厌恶至极，"珠儿解释说，"想想涅槃乐队和声音花园[①]，然后再听一首像《你注定属于我》这样的歌，你也会说：'不好听'。"[10]但她没让唱片公司投太多钱，所以他们没有放弃她。自此，珠儿得以集中精力通过巡演建立粉丝基础，她开始不遗余力地到处演出，承担了她所说的"巨大的工作量"。[11] 珠儿也一直按计划保持着低开销。她没有配备巡演巴士和经理，只是租了一辆便宜的车四处演出，连乐队也不带。有一次，她甚至和一个叫"地球果酱"的团体达成了协议。[12] 白天，她去参加他们为当地高中举办的环境主题展览，晚上他们免费接送她去演出。

　　由于专辑销量始终低迷，珠儿面临的压力越来越大，不得不转向更能挣钱的音乐风格。她躲进纽约伍德斯托克的一间录音室里，开始录制第二张专辑，歌词写得更加尖锐、更加愤怒，更符合当时受垃圾摇滚影响的另类音乐。她还同意了唱片公司的安排，请了一名炙手可热的制作人胡安·帕蒂尼奥（Juan Patiño）。丽萨·勒布（Lisa Loeb）的热门单曲《停留》就出自他的手笔，帕蒂尼奥将《你注定属于我》改编成了节奏更快的流行风格。（"我讨厌那首歌"，珠儿私下里对帕蒂尼奥的改编很

[①] 均是美国名噪一时的摇滚乐队。——译者注

是不满。）幸运的是，就在她遭受这些折磨时，尼尔·杨打来电话，说他和疯马乐队要联合巡演，邀请珠儿来唱开场。站在台下候场时，尼尔注意到珠儿很焦虑。他问珠儿怎么了。她坦言了自己所有的压力和焦虑。尼尔给了她一个重要的建议："永远不要写歌迎合电台。永远不要。"[13]

珠儿听从尼尔的建议，重新回归自己的计划，也就是放慢脚步，注重质量。她放弃做了一半的第二张专辑，搁置了帕蒂尼奥改编的《你注定属于我》。相反，她加倍努力地巡演，专注于大学校园和校园广播电台。这个策略终于开始见到成效了，她的第一首单曲《谁来拯救你的灵魂》短暂地登上了音乐榜单。随后，她将自己在密集的巡演中学到的东西，悉数倾注到《你注定属于我》中，录制了一个全新的改良版本。她觉得最初的演唱太过紧绷，那时她刚入行就去尼尔·杨的牧场录歌，很不适应与乐队合作。她新录的版本更为松弛，更为深情，还邀请了多年好友——红辣椒乐队的弗莱亚（Flea）来弹贝斯。珠儿的专辑销量出现了小幅波动，随后开始上扬。及至她为《你注定属于我》发布一段撩人的 MV 后，销量突然开始激增。这张专辑第一年仅售出几千张，到后来每个月都有近百万的销量。"太不可思议了，"珠儿回忆道，"受尽苦难的一颗小雪球积攒了足够的动能，引发了一场潮流变革。"[14] 好木材，长得慢。

第五章　执着追求质量

珠儿的策略是把艺术置于名利之上，为慢生产力第三个也是最后一个原则——执着追求质量——提供了一个很好的研究案例。如下述定义所示，如果你想集中精力做出最好的作品，就注定要采取更人性化的慢节奏。

原则三：执着追求质量

哪怕在短期内错失一些机会，也要执着追求你的创作质量。利用这些成果的价值，长此以往地为自己的工作争取越来越多的自由。

珠儿的故事反映慢生产力和高质量之间具有密不可分的联系，本章接下来将详细阐述这一点。追求质量要求你放慢脚步。而一旦有了质量，它又可以帮助你掌控自己的工作，为你提供必要的筹码，使你进一步远离忙碌。剖析了这些内容之后，我将提出两个建议，方便你在自己的生活中落实执着追求质量的原则。

最后介绍这个原则，是有原因的：它像胶水一样，将实现慢生产力的种种做法粘合起来。少做些事和遵循自然的工作节奏，都是这个理念必不可少的组成部分，但要是只实行前两项原则而不重视质量的话，长此以往，它们反而可能会破坏你与工作的关系——让你的工作变成一种必须竭力控制的强制负担。正是因为对自己的工作有所追求，慢生产力才不仅仅是胶着的工作与生活之战中的一种策略而已，更是一种势在必行的选择，是驱动有意义的职业生活的引擎。

从唱片合约到电子邮件自由：为什么知识工作者应该执着追求质量？

艺术家为何要看重质量？理由似乎一目了然。比如，珠儿唱得特别好，所以大西洋唱片公司不惜给她百万美元的签约金。但当我们回过头来审视知识工作时，其间的关联就变得模糊不清了。大多数人都不会只做一件事，我们的职业表现要从多方面进行评估。知识工作者必须兼顾许多不同的目标。身为一名教授，我要授课、申请经费、处理与现有科研经费相关的文书、指导学生、参与委员会、撰写论文、出差宣讲我的论文并努力将它们打磨得可以发表。当前看来，每件事似乎都很重要。知识行业的大多数工作都是如此。

然而，就算是知识工作，只要我们仔细观察，往往也可以在众多待办事项中找出一两项真正重要的核心活动。例如，教授申请晋升时，日常工作中的大部分事务都不会作为衡量标准。决定能否晋升的关键是向著名学者征求意见的机密信件，这些信件会探讨教授的研究对所在领域的意义和影响。归根结底，对教授来说，最重要的是优秀的研究论文。如果教授没有在学术领域取得显著进展，那么再多待办事项也帮不了他们。其他知识工作也有类似的核心活动，隐藏在工作风暴之中。正如珠儿必须成为知名歌手一样，平面设计师最终必须创作出优秀的艺术作品，开发主管必须筹到资金，市场营销人员必须把产品卖出去，经理也必须有条不紊地领导一个团队。

慢生产力第三个也是最后一个原则，要求你重视职业生活中核心活动的质量。从慢生产力的角度来说，我们提升自己的工作能力，并不是为了追求工作表现（尽管这也不错）。接下来我会论证，我们之所以应该重视工作质量，是因为我们想要摈弃伪生产力，拥抱慢节奏，而质量与我们的这个愿望之间有着出人意料的联系。

珠儿的故事最惹眼的部分是她收到了百万美元的签约金。但对我们来说，更重要的是她没有收下这笔钱。如前所述，她意识到她需要让自己的艺术更上一层楼，才能在这一行走得更远。拒绝这笔钱降低了她在唱片公司的身价，为她赢得了提升自己的时间。同样的道理也适用于许多其他领域：执着追求质量往往需要放慢脚步，因为专注才能取得更好的成绩，而匆忙与专注水火不容。

在知识工作领域，为求质量而放慢脚步最著名的例子，或许当数史蒂夫·乔布斯回归苹果的事①。1997年,乔布斯开始担任苹果的临时首席执行官,他接手时,公司上个季度的销售额刚下降了30%。乔布斯很快评估出,公司的问题出在产品线太过庞杂。(为了满足零售商的要求,公司在核心机型的基础上开发了众多不同型号的电脑,光是曾经备受赞誉的麦金塔电脑就出了十几种不同的型号。)乔布斯的传记作者沃尔特·艾萨克森(Walter Isaacson)说,当时乔布斯问了诸位高管一个简单的问题:"我该让我的朋友买哪一款呢?"[15] 他们无法给出一个明确的答案,乔布斯决定简化公司的产品线,只生产四种电脑:面向商务人士的台式机和笔记本电脑,以及面向休闲用户的台式机和笔记本电脑。这样用户就不会困惑于自己该买哪款苹果电脑了。

还有一点也很重要,这种简化使得苹果公司能把精力集中在质量与创新上,把少数几款产品做得出类拔萃。例如,这段时期苹果发布了五彩斑斓的球形 iMac 和充满奇思妙想的贝壳状 iBook。牺牲庞杂,换取质量,这个决定奏效了。乔布斯上任的首个财政年度,苹果亏损了10亿多美元,当时他的计划还在逐步推进中。到了第二年,苹果就赢利了3.09亿美元。"决定不做什么和决定做什么同样重要。"[16] 乔布斯解释说。

---

① 1985年,乔布斯曾因公司内部斗争离开苹果,1997年再次回归,带领苹果度过财务危机。——译者注

在小事上，追求质量同样与放缓脚步密切相关。我的读者调查里有众多个案，他们都发现，想追求质量，就要简化自己的工作。例如，一位名叫克里斯的顾问"极大地"提高了他的团队为客户服务的质量，他的做法是限制团队收发邮件的时间，上午可以处理一小时，晚上可以处理半小时。此外，他还要求团队每天下午保证三个小时的深度工作，其间不允许开会、发信息或打电话。一位名叫艾比的研究主管，也跟我讲了一个类似的故事。她曾被"无数个项目拆解得七零八落"，最终筋疲力尽，后来，她换了一个新职位，决定采取不同的策略：只把精力集中在两个主要目标上。明确目标后，她摆脱了那种近乎疯狂的超负荷状态。她解释说："牢记这两个最重要的目标，有助于我决定应该拒绝什么工作，以及如何把握自己的工作节奏。"一位名叫伯尼的非营利组织顾问也利用"明确目标/愿景"的方法来放慢脚步，专注于重要工作。他总结道："每天完成一点高质量的工作，会比疯狂地加班加点更见成效。"

慢生产力第一原则认为我们应该少做些事情，因为就组织工作的方式而言，超负荷工作既不人道，也不经济。而第三原则关注的是质量，它将精简工作从一种选择变成了一种必然。只要你想把某件事做得非常出彩，忙碌就不可取。换句话说，第三原则能协助你执行第一原则。不过，接下来我们将说回珠儿的故事，从中看到执着追求质量与少做些事之间的关系，还包含另一个更微妙的层面。

1998年,首张专辑大获成功后,珠儿再接再厉,发行了新专辑《精神》(Spirit)。该专辑在公告牌(Billboard)排行榜上位列第三,发行第一周就售出超过35万张。为宣传这张专辑,珠儿开始了为期六个月的世界巡演。大约在同一时间,她在李安的电影《与魔鬼共骑》中首次亮相大银幕。她的工作压力越来越大,迫切需要定居洛杉矶,这样才好在发专辑的间隙,试镜更多电影角色。然而,正是在事业如日中天的时候,珠儿有了另外的打算。"我不确定我是否喜欢现在的职业生活,"她在回忆录中写道,"我的事业越做越大,它变成了一台足以吞噬我的机器。"[17] 珠儿决定放弃娱乐业"趁热打铁"的那套做法,慢慢来。她没有搬去洛杉矶,而是和当时的牛仔竞技骑手男友泰·默里(Ty Murray)一起搬到了得克萨斯州的一个牧场。她解释说:"我不需要更多名利。"此后,她再也没有进行过海外巡演。

如前所述,追求高质量,势必需要放慢脚步。在这个故事中,珠儿离开了业内的快速上升通道,逆转了这两个概念之间的箭头。为更好地解释我的意思,让我们离开世界巡演这个高高在上的世界,转而关注隐藏在温哥华岛温带雨林中的一栋现代住宅。这栋房子很简朴,要开很久的车才能到达。住在这里的人是保罗·贾维斯(Paul Jarvis)。我们很难说清贾维斯到底以什么为生，只知道他对着电脑工作，还有大把时间可以外出徒步，在花园里养花弄草。正如我们将要看到的，从某种意义上说，这种不清不楚的工作性质才是关键。

我第一次了解到贾维斯，是他的编辑给我寄了他 2019 年所著的一本书《一人企业》。书中一个大胆的观点深深吸引了我：不要扩大你的业务规模。他认为，如果你有幸创业成功，那么你应该利用这种成功来获取更多自由，而不是更多收入。有个简单的假想实验很好地体现了这种动态。假设你是一名网页设计师，每小时收费 50 美元。如果你每周工作 40 小时，每年工作 50 周，年薪就是 10 万美元。你照此工作了几年后，技能得到了拓展，找上门的工作也增加了。此时的标准做法是扩大你的业务规模。假设你雇用数名设计师，就可以把业务发展到年入百万美元的地步，你个人的年收入也会远超 10 万美元。如果你保持这样的增长势头，有朝一日，你甚至可能坐拥一家价值高得可以卖出七位数的企业。

贾维斯在书中却提出了另一种选择。如果建立名声后，你没有扩大业务，而是将你的时薪提高到 100 美元，会怎么样？现在，你仍可以一年赚 10 万美元，却只需工作 25 周——你的职业生活将自由得令人羡慕。十年后身价七位数固然不错，但考虑到建立这等规模的企业需要面对种种压力和奔忙，最终你的境遇是否真比立即把工作量减少一半好呢？

贾维斯在自己的职业生涯中做出的决策，正反映了他的这种理念。贾维斯在大学主修计算机科学，但他在视觉设计方面也很有天赋。在20世纪90年代的第一次互联网热潮中，这两项技能在新兴的网站设计领域中大放异彩，堪称完美组合。贾维斯自己制作了几个博人眼球的网站，很快就得到了工作机会。不久后，他成了一位忙碌的网页设计师，住在温哥华市中心"直插云霄的玻璃房"[18]里。他也感受到了压力，想发展自己的小生意：更多的收入意味着更好的公寓和更大的名气。尽管他日益纯熟的才能完全可以支持他走上这条万众追捧的职业道路，但他无心于此。"我和妻子受够了城里的生活，"他在2016年的一次采访中回忆道，"我们参与过激烈的竞争，想要追求一些不同的东西。"[19]他意识到自由设计的工作，只要有网络哪里都可以做，于是他们搬到了温哥华岛太平洋海岸托菲诺郊外的森林中，他酷爱冲浪的妻子可以尽情享受这个宁静小镇的著名冲浪点。

他们发现，住在温哥华岛的森林里很节约钱，因为那里没什么花钱的机会。贾维斯解释道："住在偏远地区，没人替你服务，很多事都必须自己动手。"[20]贾维斯不需要增加收入来满足在城市生活的开销，他利用日益精湛的技能，让自己的工作保持灵活和可控。起初，他主要接自由设计的工作。因为他很受欢迎，所以可以提高时薪，少做些项目。最终，他厌倦了截止日期和跟客户沟通，便开始探索如何进一步利用自己出色的技能和名声，实现节奏更慢的工作方式。他开始尝试开设在线课程，这些课程主要针对的是与自由职业者相关的小众需求。他还开始主持两档播客，将精力悄悄转向推出针对小众市场的软件工具，比如他最近发布的"深度分析"（Fathom Analytics），可以替代"谷歌分析"（Google Analytics），更好地保护用户隐私。

这些年来，贾维斯做过的工作难以细数，他的想法似乎层出不穷，留下了一连串无效的网址和过时的网站。像他这样的人当然会如此，他想做的并不是打造下一个微软，只是想适当找些工作来满足自己的好奇心，同时支持他缓慢且低成本的生活方式罢了。"我通常日出就起床，从未用过闹钟，"贾维斯说，"煮咖啡时，我会站在窗前，看着野兔嬉戏，蜂鸟嗡嗡飞舞，偶尔也有狡猾的浣熊来糟蹋我的花园。"[21]

珠儿和保罗·贾维斯都在职业生涯中有过相似的体悟。市场不会关心你个人是不是想放慢节奏。如果你想对自己的日程安排有更多的控制权，就需要拿出等价的东西来。一般说来，你最好的筹码就是自己的能力。贾维斯的故事之所以如此鼓舞人心，是因为它证明了你不是非得当个明星，倾尽一生盲目地追求巨星之路，"执着"追求质量对你来说才有意义。贾维斯并没有卖出1 500万张唱片，相反，随着时间的推移，他只是越发擅长自己的核心技能而已，这些技能对他所在的领域来说难能可贵。但只要运用得当，这样已足以大大精简他的职业生活。我们习惯认为，精益求精能获得的唯一报酬，就是更高的收入和更多的责任，以至于我们忘记了也可以用高质量去换取另一种成果，即更可持续的生活方式。

我们已经详细介绍了执着追求质量能以两种相辅相成的方式，帮我们摒弃伪生产力：执着追求质量既需要我们慢下来，也使我们有条件慢下来。有鉴于此，接下来的建议将从做好核心工作入手，帮你重建职业生活。这些建议还将指导你，更好地利用这个机会精简自己的工作。在你参考这些具体建议时，请别忘了顾问克里斯禁止团队在工作日的核心时间开会和收发邮件，还有保罗·贾维斯迁居托菲诺后，每天都会穿过绿树成荫的小径，前往他宽敞的花园。执着追求质量不仅是为了追求更出色的工作表现，对于有志以更慢的方式追求生产力的人来说，更是种秘密武器。

建议：提升你的品位

艾拉·格拉斯（Ira Glass）是美国国家公共电台颇具影响力的节目《美国生活》的创作者和主持人，他对如何创造出高质量的作品发表了自己务实的看法。格拉斯的一场访谈在网络上广为流传，主要探讨的是广播节目制作与如何讲故事，他在这场访谈中提出了以下建议：

> 我们所有从事创造性工作的人，都是因为有品位才入的行……但其中好像总有差距。头几年，你创作的东西并不太好……远远不够好……如果你刚刚起步，正在步入正轨，你要知道这种情况再正常不过，你能做的最重要的事就是大量工作……给自己设定一个截止日期，这样每周或每月，你就都能创造出一个故事……只有切实完成大量工作，你才能迎头赶上，缩小差距，你的作品才配得上你的抱负。[22]

格拉斯说得很对，"品位"是追求高质量的关键。创作行为归根结底可以说是制造出了无数新的可能，但我们必须依据某种难以言喻的认知来过滤这些可能，分清哪些可行、哪些不可行——这种浑然天成的直觉，我们就谓之品位。在《一只鸟接着一只鸟：关于写作与人生的建议》中，小说家安·拉莫特（Anne Lamott）完美地捕捉到了这种创作的节奏。"你发现自己回到了书桌前，茫然地盯着你昨天写下的几页纸。第四页上的一段文字充满了生活气息，有气味、有动静、有声音、有色彩，"她写道，"你不在乎前三页的内容了，你会扔掉它们，你之所以要写下这些内容，只是为了引出第四页，引出那个长长的段落。你一开始就只想写它，可是唯有写出来，你才能明白这一点。"[23] 在这个过程中，品位就像指南针一样，指引你在数不清的创作可能中走向高峰，远离低谷。

格拉斯在叙述中，着重谈论品位与能力之间常常存在差距，特别是在创作生涯早期。他指出，学会辨识好作品很容易，难的是掌握达到这一标准所需的技能。我能看出保罗·托马斯·安德森（Paul Thomas Anderson）导演的《不羁夜》开头那段三分钟的追踪拍摄精妙绝伦[24]，但我自己可拍不出这么好的东西。这样的现实中蕴含着一种根深蒂固的挫败感。你的品位可以引导你创作出你目前所能创作的最好作品，但它同样会让你对最终的成果感到失望。格拉斯认为，正是因为我们渴望消除这种令人不适的自我评价，缩小品位与能力之间的差距，我们才会有进步。他告诫那些刚刚开始工作的人要继续努力，因为唯有不懈努力，才能缩小这种差距。

所有这些建议都很中肯，却遗漏了一个同样关键的因素：你首先得培养你的品位。他说："我们所有从事创造性工作的人，都是因为有品位才入的行。"他这个观念从何而来？在其他访谈中，格拉斯有时会谈到他早期的电台节目质量低下，令人汗颜。例如，2022年，格拉斯在迈克尔·刘易斯（Michael Lewis）的播客节目中，剖析了他在1986年为奥利奥饼干75周年纪念日录制的一段广播报道。他告诉迈克尔，这期节目极其平庸，不是一个好故事。乍一看，这似乎很好地说明了格拉斯提到的一

第五章　执着追求质量

点：所有创作者都必须克服品位与能力之间的差距。但他与迈克尔的后续对话表明，最初格拉斯在录制这段节目时，并未认识到节目存在问题。他回忆称："我记得我当初完成它时，我的感觉是，好了，我终于做到了，我终于知道自己在做什么了。"[25]

这个故事道出了创作高质量作品更为复杂的一面。相比1986年，格拉斯2022年的品位肯定更为高雅。他的成功不仅源于他每次都努力达到自己当下的最高水平，还源于他一直在与时俱进，努力提高自己的最高水平。再来看看小说家，我们会发现他们身上也存在这种情况，广受好评的新作家一般都念过创意写作硕士。例如，国际笔会/海明威处女作奖是文学小说的一项殊荣，写这一章时，我研究了最近入围该奖项的五位作家的履历。五位入围者中，有四位在创作他们有望获奖的作品之前，都上过乃至教过创意写作课。[26] 创意写作课的意义并不在于提供明确的写作指导，而在于它能为成长中的小说家提供一个优中选优的环境。如果你花两年时间阅读、批评和欣赏其他年轻作家的作品，将他们的文章引向有趣的新方向，那么你对写作的认知也会得到相应的提高。当然，想要在文学上取得成功，不是非得参加这些课程不可。比如，科尔森·怀特黑德（Colson Whitehead）无疑是他那一代最有才华的小说家，但他仅有一个学士学位。不过，成功的作家普遍都念过创意写作硕士，这也是有原因的：这些课程为提升文学品位提供了有效的培训。

我们都崇尚像艾拉·格拉斯那样执着追求质量，却常常忽略首先要培养我们内在的过滤器。强调努力、动力和勤奋固然令人激动，但要是你还无法理解什么样的作品才算卓越的话，那么无论你如何努力地打磨你的电台节目或小说手稿，都无济于事。这则建议就旨在纠正这种疏忽。下面这些实用的方法，能帮你更好地认识到你所在的领域有多大可能。

做个影迷

最近为了提高我的写作质量，我做的最见效的一件事就是看昆汀·塔伦蒂诺（Quentin Tarantino）的电影《落水狗》。为便于各位理解个中缘由，首先要说明的是，我一直很爱看电影。在有孩子之前，我和妻子几乎看遍了所有上映的大片。当年还没有奈飞，我们还在波士顿的独立影院里，看了不少有意思的纪录片。然而，一直到40岁，我才觉得系统地学一下电影制作艺术，应该也挺有意思。在《数字极简》一书中，我深入地论述了高质量休闲活动的重要性。而40岁生日那天，我才意识到我没有遵循自己的建议。我以教授和作家为职，身兼父亲的角色，平素喜欢用阅读来填满我余下的空闲时间，我并没有什么可以正儿八经称之为爱好的东西，所以考虑到我已有的兴趣，我想我可以试一下把电影培养成爱好。

起初，我读了一本讲电影理论的入门教科书，但并不是很有帮助。那本书用精简而抽象的术语介绍了剪辑和音效之类的概念，从遣词造句来看像是给已有相关学位的人进修用的。接下来，我看了罗杰·伊伯特（Roger Ebert）的《伟大的电影》，书中收录了 100 篇文章，评论了 100 部这位已故普利策奖得主认为的具有开创性的电影。这本书更对味，因为它直接褒奖了具体的影片。塔伦蒂诺的文集《电影狂想：昆汀·塔伦蒂诺回忆录》也有利于我理解一部好电影究竟好在哪里，一部有趣的电影又究竟有趣在哪里。

不过，最有用的练习其实是挑一部备受好评的电影，阅读六七篇影评和观后感，然后再观影。我还发现了一个高级技巧，那就是去电影杂志或论坛上寻找该电影的相关文章，因为这些文章通常会详细探讨运镜和构图等技术。例如，在电影《疯狂的麦克斯：狂暴之路》中，导演乔治·米勒（George Miller）和专门为这部电影复出的摄影师约翰·希尔（John Seale）故意将每个镜头的焦点都定在画面中央，虽然违背了电影制作的惯例，却更便于观众欣赏快速切换的动作场面。[27] 我从摄影师瓦希·内多曼斯基（Vashi Nedomansky）写的一篇文章中了解到这种中心构图技巧，彻底改变了我欣赏米勒这部杰作的方式。

说到这儿，就要说回《落水狗》了。我的自学计划让我不可避免地接触到塔伦蒂诺 1992 年拍的这部经典影片。当时，十年来市场上尽是千篇一律、沉闷乏味的好莱坞大片，这部电影的出现复兴了独立电影市场。我读了他对非线性叙事的运用和对电影套路的重构，我开始意识到，我对电影的研究正在影响我的写作。比如，我这些年创作的大多数非虚构作品都倾向于采用同一种风格，我暗自称之为"聪明的自助"。这种写作风格结合了标准的建议类写作与一般非虚构写作的一些复杂形式。我少年和青年时期曾沉迷于阅读建议类著作，对此有着深厚的感情。这类书大多不是史蒂芬·柯维[1]式的，就是马尔科姆·格拉德威尔[2]式的。而我喜欢把二者结合起来。当时我只是顺势而为，没有多想。然而，研究塔伦蒂诺让我意识到，若能对常见套路进行适当的处理，以此实现更高层次的目标，可谓是种强大的创作练习。电影与我的写作生涯毫无干系，但研究电影拓展了我对写作的追求。

在这个案例研究中，电影不是最重要的。真正重要的是，学会欣赏不同的专业领域，沉浸其中，可能会对你有所帮助。直接研究你所在行业中的优秀作品，可能会让人望而却步，因为这是你熟识的领域。你目前的能力与大师级作品之间的差距，无疑会令人灰心丧气。而要是研究一个不相关的领域，压力就会小很

---

[1] 史蒂芬·柯维（Stephen Covey，1932 – 2012）：美国著名管理学大师，被《时代》周刊誉为"人类潜能的导师"，代表作《高效能人士的七个习惯》。——译者注

[2] 马尔科姆·格拉德威尔（Malcolm Gladwell，1963 年— ）英裔加拿大作家和记者，出版过多部畅销书，代表作《引爆点：如何制造流行》《异类：不一样的成功启示录》。——译者注

多,你可以保持一种更有趣、更开放的态度。我读到非虚构作家的杰作时,经常紧紧地攥着书,攥得指节发白,拼命想弄明白他们究竟做了什么我没有做到的事。这很有用,但也很累人。相比之下,研究一部好电影时,我可以毫无顾忌地享受它,从中找到耳目一新的灵感。你在培养自己对质量的重视时,不妨参考一下这个法子。我们无疑需要了解自己的领域,但也要关注其他领域的优秀之处。这么做可以让你的灵感来源变得灵活多样,也可以提醒你,激励你创作的初衷是什么。

创办你自己的墨象社

20 世纪 30 年代中期,C. S. 刘易斯(C. S. Lewis)在牛津大学莫德林学院任英语文学教授,他创办了一个非正式的写作与探讨社团。他邀请朋友加入,尤其是邀请了当时也在牛津大学任教的托尔金。起初,他们大约每周聚会一次,地点就在刘易斯位于莫德林学院的宿舍。他们会阅读彼此未完成的作品,谈论彼此的文学抱负。后来,他们又有了一个传统,每周都会抽一个早上去牛津市中心的一家酒吧,喝着啤酒畅所欲言,那家酒吧名为"鹰与孩童"。他们则自称墨象社(Inklings)。

透过这些聚会,刘易斯开始对创作推理小说产生了兴趣。1938 年,在社员的鼓励与指导下,他创作了《沉寂的星球》,该书讲述了一个太空旅行的故事,旨在纠正他和托尔金在当时的早期科幻小说中发现的一些脱离人性的创作趋势。这是他的空间三部曲的第一部，为他将自己的写作抱负转向奇幻小说奠定了基础，最终成就了《纳尼亚传奇》系列。托尔金则大量参考社员的阅读反馈，塑造了越来越多互相关联的虚构神话，这些神话在他的晚年逐渐演变成了《指环王》系列。事实上，托尔金的传记作者雷蒙德·爱德华兹认为，墨象社在一定程度上充当了托尔金奇幻巨著的"助产士"。[28]

后来的评论家认为墨象社拥有某项特定的使命，他们要推翻现代主义，引入奇幻的叙事形式，让基督教的道德标准变得更通俗易懂。但正如爱德华兹所说，这些分析夸大其词，太像煞有介事。他解释道："墨象社只是刘易斯和一帮朋友搞的聚会而已……和大多数'作家'团体一样，他们的主要功能是充当观众，负责倾听、批评和鼓励。"[29] 正因如此，墨象社才值得我们借鉴。和其他有相似职业抱负的人聚在一起，集体的品位可能好过个体的品位。这在一定程度上是由于业内的每个人都会采取不同的创作方法。你把多位从业者的意见综合起来，就会发现更多可能和很多细微的差别。在众人面前展示自己的作品，还会产生聚焦效应。你会想给其他人留下好印象，或者为谈话贡献一些有意义的想法，相比独自反思，这时你的思维会提升到一个更高的层次。与志同道合的专业人士组成一个团体，大家都致力于提升自己的专业水平，这是一条打磨自身品位的捷径，可以迅速提高你追求的质量标准。

买一本 50 美元的笔记本

2010 年春天，我刚开始做计算机科学博士后，一时兴起买下了我在麻省理工学院的书店看到的一本高档实验笔记本。内页采用厚实的档案级无酸纸，页面上印有浅色的网格，右上角标有醒目的黑色页码。这本笔记本采用双螺旋装订，很耐用，封面是结实的硬纸板。实验科学家非常重视他们的笔记本。他们记下的实验信息和实验结果，不仅涉及他们的工作安排，若产生专利纠纷，还是关键证据。例如，亚历山大·格拉汉姆·贝尔（Alexander Graham Bell）就精心保存着他的实验笔记，他与伊莱沙·格雷（Elisha Gray）争夺电话发明专利时，这些笔记起到了重要作用。[30]

我买的这个笔记本质量很高，但代价就是价格也很高。虽然我记不太清 2010 年我到底为那本笔记本付了多少钱，但我记得那笔钱对我来说是笔大数目——大概 50 美元。然而，这个价格也是它吸引我的一个原因。我认为，花了那么多钱后，我在它那档案级的纸张上书写时会加倍仔细，从而迫使我在思考时就要做到更有条理、更加周密。这听起来可能像个奇怪的策略，但计算机科学理论研究到最后往往会浓缩成一场认知上的胆小鬼博弈，谁能抗住心理上的不适，坚持在脑海中完成长时间的推演验证，谁就能得出更精密的结果。当时做研究，我认为自己最大的毛病就是，每次努力思考一个定理或新算法时，总是很容易放弃。我希望这个高档笔记本，能让我在这场博弈中多坚持一会儿。

这本笔记本我最终用了两年多一点，最后一页笔记记于2012年12月——这段时间涵盖了我整个博士后阶段，还有我担任助理教授的头一年。我之所以知道确切的日期，是因为我最近在卧室壁橱后面的架子上，发现了一堆以前的计划表，里面夹着这本笔记本。翻看里面的内容时，我惊讶于自己以前竟把方程式和图表写得如此工整。（在我买的不少便宜笔记本中，我的字迹通常都难以辨认。）在整整两年的时间里，我只记了97页笔记，但每一页都写得满满当当。另一件让我印象深刻的事是，笔记本中的许多验证草图和方程式我都还记得。我重新翻看了这97页笔记，发现上面记录的核心成果，最终变成了七篇经过同行评审的论文；而上面记录的一些初步构想，则最终让我这个年轻教授获得了第一笔美国国家科学基金会的资助。这是我在那段短暂的学术生涯中使用的众多笔记本之一，但毫无疑问，这个异常昂贵的选择极大地影响了我的生产力。

优质工具可以提高工作质量，这种观点很普遍，并非只存在于我早期的学术生涯。小说家把普通的文字处理软件换成Scrivener等专业写作软件后会感受到强烈的写作劲头，正如编剧购买剧本写作软件Final Draft来创作电影，会觉得如虎添翼。这些昂贵的工具比便宜的同类产品拥有更多功能，它们还能给你一种"我是专业人士"的感觉，这种感觉可以说也同样有价值。播客主播购买了播克主持人乔·罗根（Joe Rogan）使用的那款价值 300 美元的舒尔麦克风后，也收获了类似的效果。大多数情况下，听众并不关心专业麦克风和便宜的 USB 麦克风之间微小的质量差异，但对于有追求的播客主播来说，这是他们给自己的一个信号，表明做播客是他们的志向所在。计算机程序员配备两三台显示器，精心打造自己的数字工作站后，也会引发相同的动态。这些程序员笃定地说，同时查看多个窗口可以提高他们的生产力。这么说也有一定道理，但能支持多个显示器的图形驱动程序这些年才出现，而早期的计算机程序员没有这些东西，似乎也很有效率。这些设备的一部分力量在于它们很复杂，能让用户进入一种特定的思维模式，准备投入艰苦的工作，编写高效的程序。

追求质量并不是一件随随便便就能做成的事。如果你想让你的思维跟上你的计划，配合你提升自身能力，那么不妨从投资你的工具开始。

题外话：完美主义是好是坏？

我写这章时，收到了一位名叫米根（Meegan）的教授的来信，她对"执着追求质量"这个表述有些疑虑。她最近交了一本书稿，但她表示这本书"花了很长时间才完成"，因为她"内化了一种观念，认为每个方面都必须做到完美无缺才行"。她指出，执着可能反倒让人难有进展。质量固然重要，但要是把质量当作一切，你可能永远也完不成工作。

正如本书一贯的做法，我们可以从传统知识工作者的世界出发，另辟蹊径地解答这个问题。让我们把目光转向流行音乐，特别是 1967 年：那一年，这种艺术形式发生了深刻而复杂的变革。变革的种子播撒于 1966 年，时年，披头士乐队完成了他们的第七张录音室专辑《左轮手枪》（*Revolver*），没几天便开始了世界巡演。他们计划先去德意志联邦共和国，然后前往东京，再到马尼拉。稍事休整后，巡演队伍将返回北美，再进行两周的演出，最后在旧金山巨大的烛台公园举行盛大的收官演唱会。

结果，巡演接二连三地出现问题。日本的巡演负责人一直苦于找不到一个足够大的场地，容纳所有观众。他们最终选定了日本武道馆，这个场馆相当宽广，最初是为举办 1964 年东京奥运会的柔道比赛而建。然而，在日本柔道是很神圣的，这座武道馆的位置也是如此，毗邻皇宫，可谓处于东京皇室和精神象征的中心。历史学家克利福德·威廉姆森（Clifford Williamson）在 2017 年写了一篇文章，讲述披头士乐队 1966 年的巡演。用他的话说，一个西方流行乐队要在如此敏感的环境中表演，引发了

"巨大的反对"[31]。日本首相和一些重要的媒体人士都认为这种做法"令人不适"。日本爱国公党等激进组织发出的威胁十分可怕，披头士乐队也曾讨论是否应该取消演出，离开日本。最终，为确保他们的安全，出动了 3.5 万余名警察。[32]

下一站是菲律宾首都马尼拉，本应该会轻松一些。[33] 事实却并非如此。"从我们落地起，就坏消息不断。"乐队主音吉他手乔治·哈里森后来回忆道。在抵菲之前，菲律宾腐败的总统费迪南德·马科斯（Ferdinand Marcos）之妻伊梅尔达·马科斯（Imelda Marcos），就曾邀请披头士乐队出席在总统府举行的招待会。乐队有规定要避免出席外交活动，披头士乐队的经纪人布莱恩·爱泼斯坦（Brian Epstein）便回绝了她。诚如威廉姆森所言，这是个错误。伊梅尔达发出的不是邀请，而是"传召"。[34] 菲律宾媒体对这一无礼之举进行了报道，电视转播了招待会上的空桌和哭泣的孩子们。伊梅尔达声称她更喜欢滚石乐队。紧接着，反对声骤起，披头士乐队迅速遭遇了一连串报复行为。他们拨打酒店的客房服务电话，却无人接听。预定的协助乐队搬运设备的后勤人员也没有出现。他们急着出境时，国际机场的自动扶梯却暂停使用了，逼得乐队自己扛着设备爬楼梯。

披头士乐队随后返回北美，但争议并未就此平息。1966 年初，乐队主唱约翰·列侬曾接受《伦敦晚旗报》的采访。这篇专访本身平淡无奇，但一大堆无聊的废话中却隐藏着一句颇为挑衅的玩笑话："基督教会消亡，会没落，会委顿……而我们现在比耶稣还受欢迎。"[35] 这句话在英国没有引发关注，但1966年乐队抵达美国开启巡演的最后一站时，一本名为《约会手册》（Datebook）的青少年杂志转载了这篇采访，惹得公众开始关注约翰论及耶稣的这段话。美国南部的反应异常激烈。公众开始组织抵制活动，焚烧披头士乐队的专辑。三K党甚至扬言要诉诸暴力。乐队成员不得不再次考虑是否应该取消演出，约翰也不得不发表道歉声明。8月，披头士乐队终于抵达旧金山，进行巡演的收官演出。前往烛台公园演出的途中，约翰、保罗、乔治和林戈已被这几个月以来引发的争议弄得心力交瘁，更别说他们在短短三年内录制和推广了七张专辑，是何等疲惫。在这种情况下，他们做出了一个重大决定：再也不巡演了。绝不。

披头士乐队决定停止演出，这个决定在翌年也就是1967年，改变了流行音乐。旧金山的演出结束三个月后，乐队经过休息和调整，齐聚伦敦百代唱片录音室，录制一张全新风格的流行音乐专辑。由于不再需要去体育馆和剧场表演，他们可以自由地尝试新音乐。"在制作人乔治·马丁（George Martin）的协助和支持下，"《纽约时报》乐评人乔恩·帕雷利（Jon Pareles）解释道，"披头士乐队对声音进行了抽象处理，摒弃了大多数录音室录音追求的逼真感，他们扭曲和操控各种音效，这些都无法

第五章 执着追求质量

在舞台上再现。"[36]

乐队调整了带速，将不同的音乐风格叠在同一音轨上。他们把成员乔治·哈里森跟着印度传统音乐家拉维·香卡（Ravi Shankar）学的各种印度乐器融合了进来，比如西塔琴、塔姆布拉琴和印度竖琴，又请了古典音乐家演奏弦乐和管乐伴奏。最终，他们在录音室里录了大约700个小时，历时129天。要知道，当时录制这么长时间是何等奢侈，别忘了，四年前也就是1963年初，披头士乐队发行的第一张专辑《请取悦我》（*Please Please Me*）仅录制了一天，所有录音时间加起来还不到700分钟。这些苦心孤诣的创作带来了12首单曲，总时长不过半小时多一点，却代表了流行音乐史上首批商业化专辑。披头士给这张专辑取名为《佩珀军士的孤独之心俱乐部乐队》（*Sgt. Pepper's Lonely Hearts Club Band*）。这张专辑前三个月售出了250万张，稳居公告牌排行榜之冠长达三个月之久，这是披头士乐队蝉联榜首最久的一张专辑。更重要的是，它几乎凭一己之力摧毁了长期以来以流行单曲和热门单曲排行榜为主导的音乐文化。自此，专辑成了流行音乐界决定性的艺术成果，开创了前卫音乐和声音实验的新时代。

然而，流行音乐摆脱表演的束缚，很快就被证明是把双刃剑。如帕雷利解释的那样，尽管披头士乐队的第八张专辑取得了巨大的成功，"评论家却纷纷诋毁《佩珀军士的孤独之心俱乐部乐队》这张专辑，认为它把孤独的完美主义带入了摇滚乐的录制中"。[37] 越来越多的乐队开始深居录音室，摆弄旋钮和电子设备，试图寻找新的实验风格。追求完美的这个过程相当漫长，害得摇滚乐的直白和活力大量流失，因为音乐家完全沉浸在自己的脑海中。成果通常也不如人意。"每诞生一首真正的混合音乐……都有一打拙劣的四不像出现。"帕雷利写道。

米根说得没错：这种创造中的完美主义是种威胁，笼罩着慢生产力的最终原则。执着追求质量，就会像1967年的披头士乐队一样，走进百代唱片录音室，不计时间地用西塔琴和多轨磁带机开展音乐实验。要想在129天后带着《佩珀军士的孤独之心俱乐部乐队》出关，就得不惜上刀山下火海。执着意味着沉浸在自己的脑海中，坚信只要有更多时间，就可以做得更好。但伟大意味着你能在为时已晚之前，将自己从自我批判的沉思中拉出来。我之所以拿披头士乐队举例，是因为他们既提醒我们要警惕执着带来的完美主义，也为我们树立了一个击败完美主义这个大敌的范例。

披头士乐队为录制《佩珀军士的孤独之心俱乐部乐队》花费的时间虽然远多于以往，但也不是无期限。他们的录制一取得进展，披头士乐队的音乐发行商百代唱片公司就立马发行了两首单曲，给了他们一些紧迫感，促使他们尽快完成录制。何况，披头士乐队还致力于追求更长远的目标。他们1965年的专辑《橡胶灵魂》（Rubber Soul）启发布莱恩·威尔逊（Brian Wilson）创作了耳目一新的专辑《宠物之声》（Pet Sounds），而保罗·麦卡特尼（Paul McCartney）后来指出，《宠物之声》又成了《佩珀军士的孤独之心俱乐部乐队》的灵感来源。若你的产出只是众多步骤中的一步，只是要助你走上创作进步之路，那么你的压力就会小很多，没必要每一步都走得那么完美。你的目标也就变得简单了，只需用足够的力量把球打过网去，让比赛继续就行。由此，我们发现了一个通用的良策，可以平衡执着和完美主义：给自己时间创作一些了不起的东西，但不是无尽的时间。专注地创作一些好东西，吸引你觉得品位不错的人的注意，但不必急着一步登天。重要的是进步，不是完美。

建议：为自己押上一点赌注

20世纪90年代走红的音乐人中，并非只有珠儿才敢在职业生涯早期冒险。1995年，艾拉妮丝·莫莉塞特（Alanis Morissette）的专辑《小碎药丸》（Jagged Little Pill）销量超过3 300万张，斩获包括年度最佳专辑奖在内的五项格莱美奖，大多数人这才知道了她的名字。虽然这是莫莉塞特在美国出的首张唱片，但她很早就进入了娱乐业。孩提时代，莫莉塞特就在尼克儿童频道的经典小品节目《你可不能在电视上这么做》（You

Can't Do That on Television）中首次登台演出，又在《星探》(*Star Search*)节目中首次登台献唱，只是她第一轮即遭淘汰。[38] 1989年，她15岁，在加拿大摇滚乐队"疯跑者"的帮助下，录制了一盘样带。这盘样带为她带来了美希亚音乐（MCA）加拿大分社的合约。她的第一张专辑《艾拉妮丝》以制作精良的流行舞曲为主，1991年在加拿大发行，取得了白金销量①。她活跃奔放的台风和蓬松的发型，[39] 不由让人联想到20世纪80年代的流行天后黛伯拉·吉布森（Debbie Gibson）。

然而，莫莉塞特并不喜欢别人把她比作吉布森，她觉得自己有能力创作出更严肃的音乐。要是她继续延用《艾拉妮丝》中的流行风格，可能还会再创纪录。但在下一张专辑《是时候了》(*Now Is the Time*)中，莫莉塞特却把注意力转向了民谣，不靠大制作，只靠更私人化的歌词打动人——她认为这种风格能让她的事业更上一层楼。② 然而，第二张专辑的销量只有第一张的一半，唱片公司与她解约了。但莫莉塞特没有放弃。在唱片发行公司的帮助下，她将自己的前两张专辑寄给了纽约的音乐经纪人斯科特·韦尔奇（Scott Welch）。[40] 韦尔奇从莫莉塞特的声音中听出了一些独特之处，而且他也认为流行音乐难以为继。韦尔奇

---

① 指销量破百万。——译者注
② 2021年，莫莉塞特在她的纪录片《崎岖不平》中表示，她之所以追求独立，想在音乐中探讨更复杂的主题，部分原因是她年轻时在娱乐业里受过一些虐待。

安排莫莉塞特前往洛杉矶,与资深作词人格伦·巴拉德(Glen Ballard)合作录歌。巴拉德曾参与创作迈克尔·杰克逊的《镜中人》和威尔逊·菲利普斯(Wilson Phillips)的《坚持》。他们原本只打算在巴拉德自家的录音室里录一首单曲。孰料,他们竟产生了20次灵感碰撞,录了20首歌。巴拉德后来回忆与莫莉塞特的合作时说:她想成为一名艺术家。[41]她不愿听凭市场告诉她,"她没用了"。她只想说出自己的感受……她只想写歌,表达自我。

他们录制的所有小样,最终几乎悉数收录于《小碎药丸》。在另类音乐风起云涌之际,莫莉塞特强劲原始的嗓音与犀利的歌词交相辉映,堪称完美。这张专辑最初只是少量发行,发行公司是麦当娜参股的一家精品唱片公司——小牛唱片公司。但在洛杉矶很有影响力的KROQ电台播放了《你应该知道》后,点播电话便如潮水般涌入电台总机。几周后,KROQ电台开始循环播放《一只手插兜》,引得各地电台争相效仿。这张专辑一炮而红,巴拉德后来称之为"烈火燎原"。

莫莉塞特决定放弃轻快的流行音乐与珠儿决定拒绝百万美元的合约,无疑有些相似之处——这两位艺术家都甘愿冒险追求更远大的目标。但细究起来,两人的决定有着细微却重要的差异。

珠儿拒绝巨额签约金，是因为她知道自己需要时间，才能成长为专业音乐家。这体现了我之前的主张，追求质量需要放慢脚步。相比之下，莫莉塞特放弃流行音乐时，已经是个成功的专业音乐家了。她选择转型实际上是场豪赌，赌她自己有能力变得更好。遭到解约固然可怕，但这种恐惧也成了她的动力，推动她提升自己的能力，创造奇迹，在格伦·巴拉德的家庭录音室里完成一场史诗般的录音。

本节的建议认为，以这种方式为自己押上一点赌注是个不错的策略——失败纵然损失不小，但成功的回报也很诱人——可以让你的工作质量更进一步。当然，这种想法并不局限于音乐行业。纵观当代，商界也有一个给自己下注的著名例证：1975年，比尔·盖茨从哈佛大学辍学，创办了微软。如今，早慧的技术人才辍学创办软件公司已是司空见惯之事，但当时还并非如此。盖茨离开哈佛大学时，还没有什么软件业（是他创造了这个行业），他认为未来会普及的个人电脑，在当时还只是唯有爱好者会摆弄的一套组件而已，仅能通过开关和闪烁的灯光与用户交互。盖茨从哈佛辍学，失败的代价很高，但这也鞭策他干出一番惊天动地的事业来。

为自己押上一点赌注，并不一定非要做出类似解约或离开常春藤盟校这样夸张的事。只是将自己置于一个有一定压力的环境中，哪怕只是些微压力，也能发挥重要的催化作用，促使你注重工作质量。接下来的一些具体建议会提供多种方法，让你将这种合理的压力融入自己的职业生活中。你会看到，为自己押上一点赌注是避免不慎陷入异常繁忙的工作状态，将自己推向一个新高度。

在孩子睡觉后写作

2003年夏天，史蒂芬妮·梅尔（Stephenie Meyer）从一个梦中得到了创作《暮光之城》的灵感。那个梦栩栩如生，她下定决心要不惜一切代价，将这枚构思中的种子变成一本完整的书。然而，当时她是位全职妈妈，育有三个小男孩，这意味着她要想办法找时间写作。她解释说：

> 从那时起，我每天都会多少写点东西。状态不好的时候，我只能写个一两页；状态好的时候，我能写完一整章，甚至还不止这么多。我主要在晚上写作，等孩子都睡了才行，这样我才有可能连续五分钟不受打扰地专注写作。[42]

在孩子就寝后才开始写作的著名作家，并非只有梅尔一个。克莱夫·卡斯勒（Clive Cussler）自1965年开始创作冒险小说。当时他30多岁，在加州纽波特海滩与人共同创办了一家小型广告公司，他妻子找了一份需要上夜班的工作。于是，卡斯勒每晚把三个孩子哄上床后便无事可做了。[43]当时，伊恩·弗莱明的"詹姆斯·邦德"系列小说大获成功，卡斯勒受此启发，决定写点冒险小说来打发孤独的时光。2020年卡斯勒去世，他的书卖出了数千万册。显而易见，他赌赢了。

毫无疑问，只能抽空从事自己热爱的项目，并非为人父母者才会遇到的问题。例如，在哈佛医学院的最后一年，迈克尔·克莱顿（Michael Crichton）已经决定获得学位后不会行医。1970年《纽约时报》发表了一篇介绍这位作家的专题报道，克莱顿当时还只有27岁。他曾在毕业前去找院长，询问是否可以利用在哈佛医学院的最后一个学期，为自己准备撰写的一本医疗纪实书收集一些资料。"既然我从没打算行医，为什么要把在医学院的最后半年用来学习解读心电图呢？"他问道。院长告诫克莱顿，写书并非易事。克莱顿则透露，在哈佛医学院念书期间，他已经用笔名出了五本书，还有两本正在创作中。他会随身携带便携式打字机，利用空余时间写作，比如假期或者老师讲课太无聊的时候。他坦言："只要看看我的成绩单……你就能看出我什么时候在写书。"[44]

20世纪90年代，约翰·格里森姆（John Grisham）曾与克莱顿争夺畅销书排行榜的霸主地位，他也是牺牲自己的空余时间，走上了写作之路。格里森姆开始创作第一部小说《杀戮时刻》时，还是个小镇律师，在密西西比州议会也有一个席位。[45]

第五章　执着追求质量

他利用清晨、会议和庭审的间隙写作。格里森姆花了三年时间，见缝插针地完成了这本书。这本书尚未出版，他就开始写第二本了。他一直以来的计划就是写两本书，如果有一本成功了，就继续写下去。事实证明，这个策略是对的。《杀戮时刻》首印表现不佳。好在格里森姆的第二本书《全身而退》卖出了 700 万册。

这些作家虽然也为自己押上了一点赌注，但他们的策略更平稳，只是暂时利用大量空余时间来从事相关项目。这个赌注并不大：要是你未能达到你追求的质量水平，最主要的后果也就是在一定时期内浪费了一些时间，这些时间你原本可以用来做些更见成效的事或者索性好好休息。但这个代价也够惹人心烦的，足以鞭策你加倍重视自己正在做的事。比如，对于年轻的史蒂芬妮·梅尔来说，在孩子活动的间隙或疲惫的深夜挤出么多时间来写作，并不容易。既然为了写作要做出这样的牺牲，她就不会浪费时间去创作一些不用心的东西。梅尔决心完成这个项目，每天都在写作，哪怕只写一两页。（相比之下，我见过不少学者或记者，他们可以很奢侈地为了写作专门休假一段时间，但在获得这种自由后，他们却难以取得有意义的进展。）

当然，这种利用空余时间的策略，长期而言并不是种可持续的工作方式。牺牲太多闲暇时间去做额外的工作，可能会同时违反慢生产力的前两个原则。但如果安排得当，在某段时期内，暂时为某个项目放弃一些有意义的事，追求更高的工作质量，可以成为一笔押在自己身上的有效赌注。例如，梅尔高度专注地工作了六个月，经历了一段疲惫的时期，但她最终完成了一本引人入胜的书，利特尔·布朗出版社很快和她签订了一份75万美元的出版合同。

降低你的薪水

利用空余时间完成一个项目，是为自己押上了一笔简单的赌注。还有一种更激进的选择是靠这个项目赚钱。最能让人集中精力的力量，恐怕莫过于还有账单要付了。不过，我们也可能因此走入一些潜伏着危险的领域。在美国的文化中，辞掉单调乏味的工作去追求远大梦想，这种想法很浪漫，很有吸引力。想想之前提到的那些作家：克莱夫·卡斯勒最终离开了与人合办的广告公司，约翰·格里森姆则放弃了颇有前途的政治生涯和律师业务。彻底颠覆你的职业现状，这个选项具有巨大的吸引力，因为你会觉得可以借由这个重大举措，一举摆脱目前所有你不喜欢的苦差事。

可是毫无疑问，问题在于，每出现一个格里森姆，就会有其他十几个雄心勃勃的作家——或创业者、艺术家——最终灰头土脸地回到自己的老本行，不仅懊悔不已，还负债累累。换言之，很难预测你写的惊悚小说是更像《杀戮时刻》，还是更像《全身而退》。幸运的是，我们可以从刚才提到的那些文学例证中，汲取应对这些挑战的智慧。如果你仔细研究这些畅销书作家转行的过程，就会发现一个更复杂的故事。例如，2020 年卡斯勒去世的讣告透露，他从做广告转行写冒险小说的过程相当漫长，远非像世间流传的那样，他妻子要值夜班，所以他就趁此机会构思出了德克·皮特（Dirk Pitt）这个角色。

如前所述，卡斯勒开始写小说时，还与人合伙在纽波特海滩开了一家广告公司。在加利福尼亚那阵子，他写过两本书——《太平洋旋涡》（*Pacific Vortex!*）和《地中海诡影》（*The Mediterranean Caper*），但都没有引起出版商的兴趣。后来，卡斯勒搬到了丹佛，在一家较大的广告公司上班。就在这时，他为了让人注意到他那蒙尘的小说，想出了一招诡计。[46] 他杜撰了一家根本不存在的经纪公司，伪造了公司的信笺，给真正的出版代理商彼得·兰帕克（Peter Lampack）写了一封信，跟他说有位名叫克莱夫的新作家前途无量，但这边没时间代理他的作品，问他是否有兴趣接手。卡斯勒的计划成功了，《地中海诡影》终于在 1973 年正式出版。然而，卡斯勒仍然没有离开广告业去全职写作。他一直等到 1975 年卖出第二本书《冰山》（*Iceberg*）后才辞职。我们在其他例子中，也可以发现类似的谨慎之举。克莱顿放弃从医时，已经出版了（不少）书，其中一些还是畅销书。派拉蒙影业出人意料地以 60 万美元的价格购买了《全身而退》的电影版权后，格里森姆才不再从事法律工作。[47]

透过这些细节，我们找到了一种平衡之策。不要为了追求更有意义的事业而草率辞职。相反，在有确凿证据表明你的新兴趣可以满足以下两点之前，不要轻易做出重大改变：第一，有人愿意为此付费；第二，你可以复制这个结果。就写作而言，你可能需要卖出多本书，证明你笔下的角色有稳定的读者群才行。相对地，要是创业的话，你的副业就要能带来稳定的销售额才行。不过，一旦迈过了这些门槛，你就可以采取行动了。但这并不意味着一定要辞去现在的工作。相反，你也可以选择减少工作时间，或者休无薪假。想要实现自己的追求会带来强烈的动力，关键在于要善用这种动力。克莱夫·卡斯勒在辞去广告主管一职之前，完成了四本书。不过，正是他在1976年所著的第五本书《冲出地狱海》，最终拨云见日，成了他的第一本畅销书。

公布计划

为一个项目投入时间或牺牲金钱，是两种最直接的赌注，足以鞭策你提高工作质量。第三个合理的选择是利用你的社交资本。如果你提前向熟人公布你想要完成的工作，别人就会对此产生期待。如果你的作品不如人意，就会付出尴尬的社交代价。毋庸置疑，这也是一种强大的动力。

我住的小镇位于华盛顿特区外围，以浓厚的艺术文化氛围著称。因此，我经常能看到各类艺术展览的传单或收到相关邮件。例如，我在写这一章的时候，和我同住一条街上的两位艺术家——一位珠宝设计师和一位综合媒介画家，宣布将在一栋正在招租的旧商业大楼中开办艺术市集，连续办三个周末。他们请了一家小型印刷公司，负责制作引人注目的广告，张贴在整个街区里。而这两位艺术家则在全力以赴地创作他们最好的作品，因为他们很快就将迎来大批兴趣盎然的观众，务必要打动观众才行。

无论你的工作规模如何，这种公布计划的策略都可以激励你提高工作质量——小到一名有抱负的编剧与精通电影的朋友约好一起通读剧本初稿，大到一名企业家公布新产品的发售日期。我们人类最珍视的东西，莫过于同胞的尊重。公布你的工作计划，正是要利用我们人类进化出来的这种怪癖，鞭策自己提高专注力，尽可能地拿出佳作来。

吸引投资者

1977 年，年仅 29 岁的导演约翰·卡朋特（John Carpenter）在英国伦敦电影节上放映了他的低成本动作片《血溅 13 号警署》。这部电影制作规模太小，无法在院线上映，只在少数几个地方放映过，也没赚到什么钱，却足以窥见导演的才华。"这部电影称得上很长一段时间以来，由新人导演拍摄的最具震撼力、最激动人心的犯罪惊悚片了，"伦敦电影节总监肯·沃拉斯金（Ken Wlaschin）写道，"它紧紧地抓住了观众，让人欲罢不能。"[48] 卡朋特这次在伦敦遇到了一位名叫穆斯塔法·阿凯德（Moustapha Akkad）的金融家，他正有意投资美国主流电影。[49] 阿凯德投拍另一部电影《大地雄狮》后大约还剩下 30 万美元，年轻的导演卡朋特与他的制片伙伴欧文·亚布兰斯（Irwin Yablans）一起说服了阿凯德，将剩余资金投入他们一直在筹划的一个新构想，即拍摄一部杀手追杀保姆的恐怖电影。"我们基本上让阿凯德下不来台，逼他答应的，"亚布兰斯后来回忆道，"我跟他说：'投资 30 万美元对你来说可能负担太重了。'我知道为保全颜面，他反而不得不投资了。"[50]

卡朋特向阿凯德逐一讲述了他构想的电影场景，他的这番推销深深地吸引了阿凯德。导演卡朋特同意不要固定片酬，而是将自己的薪酬押在电影的成功上，双方就此达成了协议。事实证明，这是个不错的赌注。1978 年春天，经过 21 天的紧张拍摄，电影终于完成了，片名从原定的《保姆谋杀案》（*The Babysitter Murders*）改为了更具感染力的《月光光心慌慌》（*Halloween*）。该片最终收获了 4 500 多万美元的票房，成为当时最成功的独立电影。[51] 这部片子还为接下来几十年的恐怖电影树立了标杆，开启了卡朋特的职业生涯。

《血溅 13 号警署》固然不错，但《月光光心慌慌》更了不起。二者的区别在于扶植卡朋特拍片的投资规模。对此有个显而易见的解释是，钱越多，影片制作的质量就越好。这种说法有一定道理。卡朋特和当时还默默无闻的摄影指导迪恩·康迪（Dean Cundey）从阿凯德投资的 30 万美元中拿出了近一半的钱，用来购买全新的潘那维申轻型摄像机。这款摄像机采用了当时的一项新技术，能够在保持电影宽高比的情况下，拍摄流畅稳定的长镜头。（康迪在影片中充分利用了宽银幕格式，将多个元素汇聚于同一视觉场景中，创造出了一些标志性的恐怖画面。）但这部电影的成功，并非仅仅因为置办了高档摄像机。阿凯德为该片投入了大量资金，卡朋特必须让他满意才行，这种压力和动力促使他将自己的技艺推向了新的高度。他拍摄《血溅 13 号警署》，旨在展示自己的才华。而他拍摄《月光光心慌慌》，则旨在创造一部经典电影。这个区别很重要。

这个道理也适用于其他工作。有人为你的项目投资，为回报他们的信任，你会更有动力。如卡朋特和阿凯德这样的金融投资自不必说。就连劳力投资也是如此，比如朋友帮忙为你的戏布景，或者花了一下午为你的新业务营销活动填写邀请函。吸引他人为你投资，是笔巨大的赌注，赌你不会让别人失望。为免有负于人，我们可以创造杰作。

结语

本书开篇我讲了一个故事：年轻的约翰·麦克菲躺在自家后院的野餐桌上，望着一棵白蜡树，苦苦构思一篇复杂的文章。随着职业生涯的发展，麦克菲在反复试错的过程中，形成了一套更精细且可重复的写作流程，创作出了别具风格的长篇报道。他在《写作这门手艺：普林斯顿大学写作课》中详细介绍过，首先他会用安德伍德第五代手动打字机，把笔记本中的观察记录和采访录音全部誊写一新。"把笔记打出来可能需要数周的时间，"他解释说，"但这么做能把所有内容都集中在一个清晰可见的地方，还能让所有原始材料都在脑子里过一遍。"[1]

完成这一步后，麦克菲就会得到一摞打得整整齐齐的材料，里面夹杂着许多散碎的想法或观点，打印时会和正文隔开几行。为整理这堆材料，他会在每一节的空白处添上简短的说明，标明这一节涵盖的故事成分。他的一篇长文一般大约需要做 30 节笔记。[2] 而麦克菲为环保主义者戴维·布劳尔（David Brower）写的史诗般特稿《与荒原同行》，分为上下两部分，包含了36节笔记。[3]

麦克菲会复印这些材料，然后用剪刀把每一节笔记剪成独立的"小纸片"。[4]（麦克菲最终在20世纪80年代买了一台个人电脑，开始使用电子系统整理他的笔记，他把这台电脑戏称为"一把5 000美元的剪刀"。）每张纸片都会依据上面的故事成分，分放在对应的牛皮文件袋中。最终，他整理出了一摞文件袋，每个文件袋都只针对一个主题，里面装满了小纸片，这些纸片上记载了有关这个主题的所有事实、引文或观点。

接下来，麦克菲会为每个故事成分做一张8厘米×13厘米的索引卡，然后将它们悉数铺在一张胶合板上，这张胶合板就架在两个锯木架上——"那些年，这些东西是我不可或缺的办公家具"[5]——这样他就可以移动这些卡片，为他的文章寻找一个可行的结构。有时，他只需几个小时就能想出正确的文章架构。有时，他不得不让那块板子在那儿放上好几天，不时回过头去看看。这个过程急不来，唯有厘清卡片的顺序，他才能动笔写作。

一旦找到满意的结构，麦克菲就开始落笔了。写作时，他会一次处理一个故事成分，按照它们在胶合板上的排列顺序来写。在写某个具体部分时，他会从相应的文件袋中取出所有相关纸片，将它们摆放在他那台安德伍德第五代打字机旁边的牌桌上，

慢生产力

排成阶梯状。"这套流程几乎排除了所有干扰，只集中呈现我那一天或那一周需要处理的材料，"麦克菲解释说，"不错，这确实把我局限在一个角落里，但这种局限让我能够自由写作。"[6]

我在本书的开篇和结尾，分别讲述了约翰·麦克菲两段截然不同的经历，这是有原因的。开篇读到麦克菲在白蜡树下的故事时，慢生产力的概念更像一种近乎直觉的模糊愿望，而非切实有形、可以广泛采纳的东西。麦克菲在那棵树下从容不迫地思考着工作，似乎很能勾起疲于奔命的知识工作者的向往，但如何将这种向往转化为实际行动，我们仍很茫然。一开始我们有的只是一种感觉，但还需要制订一个计划。

翻阅漫长的五章内容后，再读到约翰·麦克菲第二个更详细的故事时，我们想要的计划已初具雏形。在先前的篇幅中，我详述了知识行业如何偏离组织工作的合理理念，然后循序渐进地介绍了三个原则，系统地建构了一些更好的东西——我称之为"慢生产力"的理念。这并不是对当前超负荷工作的一种反抗，而是为另一种切实可行的选择制定的方略。我想借麦克菲第二个故事强调的，正是他的实践方式。他的写作流程精细而慎重，要将笔记打出来，裁剪成纸片，然后在胶合板上理顺索引卡，再在牌桌上把材料码放成阶梯状。我们可以看到，麦克菲在后院白蜡树下期望的东西已经转变成一套更系统的做法。放慢脚步不是为了抗议工作，而是旨在找到一种更好的工作方式。

我写这本书有两个目标。第一个目标很明确：尽可能地帮助更多人摆脱伪生产力不人道的控制。正如我在序言中所说，并非每个人都能做到这一点。我的这套理念主要适用于那些有大量自主权的技术型劳动者。我的目标受众遍及大部分知识领域，包括大多数自由职业者、个体户、小企业主和学术界的人，在这些领域中，你可以自由选择和组织你的工作。

如果你正属于这类人，被伪生产力长期以来的超负荷和快节奏搞得精疲力竭，那么我强烈建议你按照我提出的三个原则——少做些事；遵循自然的工作节奏；执着追求质量——彻底改变你的职业生活。根据你从事的具体工作，你可能并不需要一连几周都盯着树枝看，或者用打字机把笔记打出来，但唯有一点可以肯定，这么做会让你与工作的关系变得更可持续。①

---

① 对于阅读本书的诸位自由撰稿人，我向各位推荐下面这篇讲麦克菲的文章：马尔科姆·哈里斯（Malcolm Harris），《谁能像约翰·麦克菲那样写作？》（"Who Can Afford to Write Like John McPhee?"），2017年9月13日，《新共和》杂志。该文认为出版经济的变化，使得麦克菲那种精耕细作慢慢写长文的方式变得难以复制。然而，实际情况要复杂得多。虽然现在要是你每两年才写一篇四万字的文章，杂志社确实不太可能为此付你高薪。但别忘了，麦克菲曾在《写作这门手艺：普林斯顿大学写作课》中明确表示，他虽然在20世纪60年代成了《纽约客》的"专职撰稿人"，但这个头衔毫无意义（基本上，只代表你是一个他们愿意合作的自由撰稿人），他并没有靠这些杂志文章赚到多少钱。为了维持生计，他需要写出畅销书，还要在普林斯顿大学教写作。但是，麦克菲的故事最重要的意义不在于他是如何给杂志写文章的，而在于他的故事体现了一个理念：高效工作并不需要每时每刻都在疯忙。

我写这本书的第二个目标则具有更广泛的意义。慢生产力只是一种对策，为的是应对一个更宏大的问题：在认知工作中，我们缺乏统一的观念，不知应当如何组织和衡量工作。把可见活动当作有效劳动的替代品，充其量只是一种权宜之计。20世纪中叶，管理者面对突然冒出来的新兴经济行业，为调整自己的管理策略，匆匆拼凑出了这条权宜之计。我在第一部分中已经详细介绍过，这种管理上的权宜之计很久以前就不灵了。办公室IT革命带来了无穷无尽的工作，又消除了所有能控制工作节奏的自然限制，伪生产力便开始陷入恶化的旋涡，变得越来越难以为继。新冠疫情带来了意想不到的干扰，最后推了这个旋涡一把，整个系统便在急速旋转中彻底崩溃。这就是为何现在经常能听到一些批评人士鼓吹一种充满倦怠的虚无主义，认为超负荷和痛苦是我们不可避免的命运。毕竟，我们一直以来的工作方式已经行不通了。

我们需要深入思考知识行业中的"生产力"究竟是何含义，而这样的思考需要基于一项前提，那就是其对于人们的实际工作必须是可持续的，并且能够吸引人们积极参与。慢生产力是这种思考得出的一个例子，但它不应该是唯一的例子。长远看来，我希望这场运动能引发许多其他运动，创造出一个对生产力有多种解释的市场，每一种解释都适用于不同类型的工作者或工作状态。例如，慢生产力旨在为个人提供可以立即实施的理念，注重可操作性。但要是能佐之以一些更宏大的追求，重新设计组织的管理方式，乃至立法限制市场经济的运作，那就更好了。革命需要不同层次的反抗——从立竿见影的实际反抗到满腔热血的意识形态反抗。

不管我们取得进步的细节如何，这些努力的重要性再怎么强调都不为过。1999 年，彼得·德鲁克写了一篇影响深远的文章，标题中将知识工作者的生产力称为"最大的挑战"，这不是没有原因的。恰当应对这一挑战，将大幅改善数百万人的生活。

2010 年，《巴黎评论》对约翰·麦克菲进行了一次全面采访，采访即将结束时，麦克菲对一点很惊讶，即有些人认为他异常勤奋。

如果有人对我说，"你真是个多产的作家"，我会觉得这话听起来很怪。这就像地质时间和人类时间的区别。从某种角度来看，我确实写了不少东西。但我的日常其实是，一整天都坐在那儿，想着我到底什么时候才能开始动笔写作。一周六天都像这样工作，就好比每天都往水桶里加一滴水，关键就在于这滴水。如果你每天往水桶里加一滴水，那么 365 天后，桶里自然就会有一些水了。[7]

慢生产力更多的是呼吁人们从忙得团团转的日常工作中抽身

出来。我并不是说这些工作是盲目的：有时工作确实比较紧张，要完成很多任务和约定。但是，一旦你像麦克菲一样意识到，疲于奔命地勉力工作往往不利于完成重要项目，你的想法就会改变。慢工出细活的工作方式不仅可行，而且可能远比权充一时之计的伪生产力好，尽管如今伪生产力仍左右着许多人的职业生活。麦克菲告诫我们，如果你在365天里每天都付出一点有意义的努力，及至年底，你就会收获不少水。最终你要明白的关键是：你能到达的终点在哪儿，并不取决于你行路的速度，也无关一路上有多少人记住你忙碌的身影。

起码近70年来，我们一直在求快。但行不通。是时候试着慢下来了。

致谢

我无法确定我具体在何时想出了"慢生产力"这个词。新冠疫情流行的第一年,我开始与读者展开激烈而富有成效的对话,探讨工作、生产力及其意义,在此过程中,似乎自然而然地形成了这套理念。首先,我要感谢这些读者发挥了重要作用,推动我的思想向前发展。

有了这些想法后,我的文学经纪人劳丽·埃布科迈尔(Laurie Abkemeier)就帮我将它们整合成了一个图书项目。在此过程中,劳丽和我迎来了合作超过 20 年的里程碑。这段工作关系和友谊可以追溯到我 20 岁的时候,那时我还在达特茅斯念书,即将升入大四,正在找人代理一本讲述如何在大学里取得成功的书。劳丽的指导对我的写作生涯产生了全方位的影响,怎么强调都不为过。对此,我感激不尽。

当然,我要感谢阿德里安·扎克海姆(Adrian Zackheim)

领导的 Portfolio 出版社，他们一直对我的理念深信不疑。这是我为该社写的第三本书，也是由尼基·帕帕多普洛斯（Niki Papadopoulos）签订和编辑的第三本书。我们合作六年有余，与她合作可谓作者梦寐以求之事。莉迪亚·亚迪（Lydia Yadi）曾编辑过我前几本书的英国版，她能加入本书的编辑团队，我很激动。非常感谢她提出的精辟见解和建议，让我的书稿更有条理。

此外，我还要感谢 Portfolio 出版社营销与宣传团队中的优秀成员。过去，我们携手合作了好些项目，都取得了骄人的成绩。这一次，我也期待在新的征程中继续与他们通力协作。特别是玛格特·斯塔马斯（Margot Stamas）参与制作了我在 Portfolio 出版的所有作品，还有玛丽·凯特·罗杰斯（Mary Kate Rogers）也多次与我合作。我的作品之所以能顺利而出彩地推广至全球各地，都多亏了她们。

我还要感谢《纽约客》的编辑乔希·罗斯曼（Josh Rothman）和迈克·阿格（Mike Agger），本书的许多想法最初都起源于我在《纽约客》发表的文章。他们一直支持我的写作和理念，为我作为一名作家和思想家的成长提供了重要动力。他们给予我的信任和宝贵指导，依然让我满怀敬意，倍感荣幸。

最后，我必须感谢我那不知疲倦的妻子朱莉，她一直默默承受着伴侣痴迷写书带来的种种代价。迄今为止我创作了八本书，每一本她都了如指掌，因此她深知写书要付出些什么。她的这份理解与耐心，令我感怀至今。

注释

序言

1 John McPhee, *Draft No. 4: On the Writing Process* (New York: Farrar, Straus and Giroux, 2018), 17.
2 我说的这五篇早期报道，不包括他发表在《纽约客》"街谈巷议"栏目上的短篇，还有他早期在《纽约客》上发表的一篇短篇小说。麦克菲为《纽约客》撰写的文章，可查阅 newyorker.com/contributors/john mcphee。麦克菲开始在《时代》周刊工作的确切时间参见 Jeffrey Somers, "Jon McPhee: His Life and Work," ThoughtCo., July 20, 2019, thoughtco.com/john-mcphee-biography-4153952。
3 John McPhee, "A Sense of Where You Are," *New Yorker*, January 23, 1965, newyorker.com/magazine/1965/01/23/a-sense-of-where-you-are.
4 John McPhee, "A Reporter at Large: Oranges–I," New Yorker, May 7, 1966, newyorker.com/magazine/1966/05/07/oranges-2; and John McPhee, "A Reporter at Large: Oranges–II," New Yorker, May 14, 1966, newyorker.com/magazine/1966/05/14/oranges-3.
5 McPhee, *Draft No. 4*, 17.
6 McPhee, *Draft No. 4*, 19.
7 McPhee, *Draft No. 4*, 19.
8 Celeste Headlee, *Do Nothing: How to Break Away from Overdoing, Overworking, and Underliving* (New York: Harmony Books, 2020), ix.

第一章　现代工作正面临巨大的挑战

1　Bill Carter, *Desperate Networks* (New York: Broadway Books, 2006), 42.
2　Peter F. Drucker, "Knowledge-Worker Productivity: The Biggest Challenge," *California Management Review* 41, no. 2 (Winter 1999): 83.
3　汤姆·达文波特的这段话出自2019年12月的一次电话采访。采访的原文参见《纽约客》的一篇文章：Cal Newport, "The Rise and Fall of Getting Things Done," *New Yorker*, November 17, 2020, newyorker.com/tech/annals-of-technology/the-rise-and-fall-of-getting-things-done。
4　*Encyclopaedia Britannica Online*, "Norfolk FourCourse System," accessed August 18, 2023, britannica.com/topic/Norfolk-four-course-system.
5　"Moving Assembly Line Debuts at Ford Factory," History, October 6, 2020, history.com/this-day-in-history/moving-assembly-line-at-ford.
6　G. N. Georgano, *Cars: Early and Vintage, 1886–1930* (London: Grange-Universal, 1985).
7　泰勒的铲子研究，详见"Frederick Winslow Taylor, the Patron Saint of the Shovel," Mental Floss, April 27, 2015, mentalfloss.com/article/63341/frederick-winslow-taylor-patron-saint-shovel。
8　Peter F. Drucker, The Effective Executive: *The Definitive Guide to Getting Things Done* (New York: HarperCollins, 2006), 4.
9　Jory MacKay, "Communication Overload: Our Research Shows Most Workers Can't Go 6 Minutes without Checking Email or IM," *RescueTime* (blog), July 11, 2018, blog.rescuetime.com/communication-multitasking-switches.
10　实际研究参见（该研究"方法论"的部分表明，调查参与者主要来自知识行业）：McKinsey & Company and Lean In, *Women in the Workplace: 2021, 2022*, wiw-report.s3.amazonaws.com/Women_in_the_Workplace_2021.pdf。有篇文章很好地总结这项研究，见 Eliana Dockterman, "42% of Women Say They Have Consistently Felt Burned Out at Work in 2021," *Time*, September 27, 2021, time.com/6101751/burnout-women-in-the-workplace-2021。
11　Jennifer Liu, "U.S. Workers Are among the Most Stressed in the World, New Gallup Report Finds," Make It, CNBC, June 15, 2021,

cnbc.com/2021/06/15/gallup-us-workers-are-among-the-most-stressed-in-the-world.html.

12　Carter, *Desperate Networks*, 119.
13　Carter, *Desperate Networks*, 120.
14　Carter, *Desperate Networks*, 121.
15　Carter, *Desperate Networks*, 125.
16　当时有篇颇具代表性的文章表明，哥伦比亚广播公司能重回收视率榜首，《犯罪现场调查》功不可没："2000–01 Ratings History," The TV Ratings Guide, August 15, 1991, thetvratingsguide.com/1991/08/2000-01-ratings-history.html。

第二章　一个更慢的方法

1　意大利人对拟建麦当劳的反应，出自合众国际社当时的一篇报道：John Phillips, "McDonald's Brings Americanization Fears to Rome," UPI, May 10, 1986, upi.com/Archives/1986/05/10/McDonalds-brings-Americanization-fears-to-Rome/6908516081600。
2　"Slow Food Manifesto," 1989, Slow Food, slow food.com/filemanager/Convivium%20Leader%20Area/Manifesto_ENG.pdf。多语言版本可查阅："Key Documents," Slow Food, slowfood.com/about-us/key-documents。
3　对维苏威杏的探讨，参见 Michael Pollan, "Cruising on the Ark of Taste," *Mother Jones*, May 1, 2003, 收录于 michaelpollan.com/articles archive/cruising-on-the-ark-of-taste。
4　美食沙龙和相关数据的详情，参见 Mark Notaras, "Slow Food Movement Growing Fast," *Our World*, October 31, 2014, ourworld.unu.edu/en/slow-food movement-growing-fast。
5　Pollan, "Cruising on the Ark."
6　Pollan, "Cruising on the Ark."
7　如欲深入了解慢媒体运动，我推荐阅读詹妮弗·劳赫2018年出版的相关书籍：Jennifer Rauch, *Slow Media: Why "Slow" Is Satisfying, Sustainable, and Smart* (Oxford: Oxford University Press, 2018), global.oup.com/academic/product/slow-media-9780190641795。

8 Carl Honoré, *In Praise of Slowness: Challenging the Cult of Speed* (New York: HarperOne, 2005), 86.
9 AppleTogether, "Thoughts on Office-Bound Work," apple together. org/hotnews/thoughts-on-office-bound-work.html.
10 Jane Thier, "Tim Cook Called Remote Work 'the Mother of All Experiments.' Now Apple Is Cracking Down on Employees Who Don't Come in 3 Days a Week, Report Says," *Fortune*, March 24, 2023, fortune.com /2023/03/24/remote-work-3-days-apple-discipline-terminates-tracks-tim-cook.
11 Cal Newport, "What Hunter-Gatherers Can Teach Us about the Frustrations of Modern Work," *New Yorker*, November 2, 2022, newyorker.com/culture/office-space/lessons-from-the-deep-history-of-work.
12 Alex Christian, "Four-Day Workweek Trial: The Firms Where It Didn't Work," BBC, March 20, 2023, bbc.com/worklife/article/20230319-four-day-workweek-trial-the-firms-where-it-didnt-work.
13 Gili Malinsky, "10 Companies Adopting a 4-Day Workweek That Are Hiring Right Now," Make It, CNBC, March 19, 2023, cnbc.com/2023/03/19/companies-with-a-four-day-workweek-that-are-hiring-right-now.html; and Ben Tobin, "Lowe's Started Offering a 4-Day Work Week afterComplaints of a 'Chaotic' Scheduling System. Employees Say They Love It," *Business Insider*, March 28, 2023, businessinsider.com/lowes-workers-say-love-4-day-work-week-with-exceptions-2023-3.
14 Cal Newport, "Newton's Productive School Break," Cal Newport (blog), March 23, 2023, calnewport.com/blog/2020/03/23/newtons-productive-school-break; and Cal Newport, "The Stone Carverin an Age of Computer Screens," *Cal Newport* (blog), October 27, 2020, calnewport.com/blog/2020/10/27/the-stone-carver-in-an-age-of-computer-screens.
15 Cal Newport, "What If Remote Work Didn't Mean Working from

Home?," *New Yorker*, May 21, 2021, newyorker.com/culture/cultural-comment/remote-work-not-from-home.

第三章 少做些事

1 Claire Tomalin, *Jane Austen: A Life* (New York: Vintage Books, 1999), 220.
2 简·奥斯汀去世后，还出版了两部遗作，《劝导》（*Persuasion*）和《诺桑觉寺》（*Northanger Abbey*）。
3 James Edward Austen Leigh, *A Memoir of Jane Austen* (London: Richard Bentley and Son, 1871; Project Gutenberg, 2006), chap. 6, 102, gutenberg.org/files/17797/17797-h/17797-h.htm.
4 Mason Currey, *Daily Rituals: How Artists Work* (New York: Knopf, 2013), 25–26.
5 Tomalin, *Jane Austen*, 87.
6 Tomalin, *Jane Austen*, 122.
7 Tomalin, *Jane Austen*, 170.
8 Tomalin, *Jane Austen*, 214.
9 Tomalin, *Jane Austen*, 213.
10 Lananh Nguyen and Harry Wilson, "HSBC Manager Heart Attack Prompts Viral Post about Overwork," *Bloomberg*, April 21, 2021, bloomberg.com/news/articles/2021-04-21/hsbc-manager-s-heart-attack-prompts-viral-post-about-overwork#xj4y7vzkg。如果你不用领英，看不到原帖，下面这篇文章也摘录了他的六个决定：Alema Ljuca, "Heart Attack Survivor Shares New Life Resolutions and It Goes Viral," Medium, June 16, 2021, medium.com/better-advice/heart-attack-survivor-shares-new-life-resolutions-from-his-hospital-bed-5c7fd1aab2d8。
11 *Work Trend Index Annual Report: The Next Great Disruption Is Hybrid Work— Are We Ready?*, Microsoft, March 22, 2021, microsoft.com/en-us/worklab/work-trend-index/hybrid-work.
12 Cal Newport, "Why Remote Work Is So Hard—and How It Can Be Fixed," *New Yorker*, May 26, 2020, newyorker.com/culture/annals-of-

inquiry/can-remote-work-be-fixed.
13 Simon Singh, *Fermat's Enigma: The Epic Quest to Solve the World's Greatest Mathematical Problem* (New York: Anchor Books, 1997), 6.
14 Singh, *Fermat's Enigma*, 205.
15 Singh, *Fermat's Enigma*, 207.
16 Singh, *Fermat's Enigma*, 210.
17 Jenny Blake, *Free Time* (Washington, DC: Ideapress, 2022), 7.
18 2014年，我针对费曼的采访视频撰写了下面这篇文章，本书摘录的这段话也出自这个视频（该视频录制于1981年，优兔上的片段因侵权被删）：Cal Newport, "Richard Feynman Didn't Win a Nobel by Responding Promptly to E-mails," *Cal Newport* (blog), April 20, 2014, calnewport.com/blog/2014/04/20/richard-feynman-didnt-win-a-nobel-by-responding-promptly-to-e-mails。这段话的后半部分也可以在《洛杉矶时报》发布的费曼讣告中找到：Lee Dye, "Nobel Physicist R. P. Feynman of Caltech Dies," *Los Angeles Times*, February 16, 1988, latimes.com/archives/la-xpm-1988-02-16-mn-42968-story.html。
19 Lawrence Grobel, "The Remarkable Dr. Feynman: Caltech's Eccentric Richard P. Feynman Is a Nobel Laureate, a Member of the Shuttle Commission, and Arguably the World's Best Theoretical Physicist," *Los Angeles Times*, April 20, 1986, latimes.com/archives/la-xpm-1986-04-20-tm-1265-story.html。如欲简要了解费曼加入该委员会的来龙去脉，还有他以前的学生是如何说服他的，我推荐看看这篇文章：Kevin Cook, "How Legendary Physicist Richard Feynman Helped Crack the Case on the Challenger Disaster," *Literary Hub*, June 9, 2021, lithub.com/how-legendary-physicist-richard-feynman-helped-crack-the-case-on-the-challenger-disaster。
20 Benjamin Franklin, *Autobiography of Benjamin Franklin*, ed. John Bigelow (Philadelphia: J. B. Lippincott, 1868; Project Gutenberg, 2006), chap. 6, https://www.gutenberg.org/ebooks/20203.
21 Franklin, *Autobiography*, chap. 9.
22 H. W. Brands, *The First American: The Life and Times of Benjamin Franklin* (New York: Anchor Books, 2002), 164.

23 Brands, *The First American*, 166.
24 Brands, *The First American*, 189–90 (emphasis mine).
25 Brands, *The First American*, 200–205.
26 Ian Rankin, "Ian Rankin: 'Solitude, Coffee, Music: 27 Days Later I Have a First Draft,'" *The Guardian*, May 7, 2016, theguardian.com/books/2016/may/07/my-writing-day-ian-rankin.
27 华顿的故事主要出自梅森·柯里的一篇文章，该文脱胎自他的《她们的创作日常》。Mason Currey, "Famous Women Authors Share Their Daily Writing Routines," Electric Lit, March 15, 2019, electricliterature.com/famous-women-authors-share-their-daily-writing-routines.
28 时间块的详细信息，请参看以下视频解说：timeblockplanner.com。
29 Cal Newport, "The Rise and Fall of Getting Things Done," *New Yorker*, November 17, 2020, newyorker.com/tech/annals-of-technology/the-rise-and-fall-of-getting-things-done.
30 细心的读者可能注意到了我起这个名字，旨在向妙趣横生的播客《约翰·霍吉曼法官》(*Judge John Hodgman*) 致敬。
31 Cal Newport, "It's Time to Embrace Slow Productivity," *New Yorker*, January 3, 2022, newyorker.com/culture/office-space/its-time-to-embrace-slow-productivity.
32 Blake, *Free Time*, 4.
33 Brigid Schulte, *Overwhelmed: How to Work, Love, and Play When No One Has the Time* (New York: Picador, 2014), 5.
34 Schulte, *Overwhelmed*, 13.
35 Sheila Dodge, Don Kieffer, and Nelson P. Repenning, "Breaking Logjams in Knowledge Work," *MIT Sloan Management Review*, September 6, 2018, https://sloanreview.mit.edu/article/breaking-logjams-in-knowledge-work.

第四章 遵循自然的工作节奏

1 John Gribbin, *The Scientists: A History of Science Told through the Lives of Its Greatest Inventors* (New York: Random House Trade Paperbacks, 2004), 8–9.

2　Gribbin, *The Scientists*, 45–46.
3　Gribbin, *The Scientists*, 75.
4　Eve Curie, *Madame Curie: A Biography*, transl. Vincent Sheean (New York: Da Capo Press, 2001), 160–62.
5　Cal Newport, "On Pace and Productivity," *Cal Newport* (blog), July 21, 2021, calnewport.com/blog/2021/07/21/on-pace-and-productivity
6　Gribbin, *The Scientists*, 81.
7　Richard B. Lee, "What Hunters Do for a Living, or, How to Make Out on Scarce Resources," in *Man the Hunter*, ed. Richard B. Lee and Irven DeVore (Chicago: Aldine Publishing, 1968), 30.
8　我们无法明确"现代"智人出现的具体时间。之所以时常说是 30 万年，主要出于两个原因。摩洛哥杰贝尔依罗遗址出土了目前已知的最古老的智人化石，大致可以追溯到 30 万年前（尽管这些化石明显带有一些古代智人的特征）。其他许多考古发掘也显示，这一时期，非洲的物质文化已普遍开始使用更精细的工具。认知能力显著提升的新人类出现后，必然会引发这种现象。下面这篇文章很好地总结了这些数据，参见 Brian Handwerk, "An Evolutionary Timeline of Homo Sapiens," *Smithsonian*, February 2, 2021, smithsonianmag.com/science-nature/essential-timeline-understanding-evolution-homo-sapiens-180976807。
9　Lee, "What Hunters Do for a Living," 43.
10　如欲详细了解对理查德·李这一开创性研究的批评和解读，请参阅我 2022 年 11 月发表在《纽约客》上的文章（文中涵盖所有涉及理查德·李和马克·戴布尔的详细信息与引述）：Cal Newport, "What Hunter-Gatherers Can Teach Us about the Frustrations of Modern Work," *New Yorker*, November 2, 2022, newyorker.com/culture/office-space/lessons-from-the-deephistory-of-work。
11　Mark Dyble, Jack Thorley, Abigail E. Page, Daniel Smith, and Andrea Bamberg Migliano, "Engagement in Agricultural Work Is Associated with Reduced Leisure Time among Agta Hunter-Gatherers," *Nature Human Behaviour 3*, no. 8 (August 2019): 792–96, nature.com/articles/s41562-019-0614-6.
12　Rebecca Mead, "All about the Hamiltons," *New Yorker*, February 2,

2015, newyorker.com/magazine/2015/02/09/hamiltons.

13　Lin-Manuel Miranda, interview by Marc Maron, "Lin-Manuel Miranda," November 14, 2016, in *WTF with Marc Maron*, podcast, 1:37:33, wtfpod.com/podcast/episode-759-lin-manuel-miranda.

14　Mead, "All about the Hamiltons."

15　改进《身在高地》的详情，源自以下两篇文章: Susan Dunne, "'In the Heights,' Drafted When Lin-Manuel Miranda Was a Student at Wesleyan University, Opens in Movie Theaters," *Hartford Courant*, June 10, 2021, courant.com/news/Connecticut/hc-news-connecticut-wesleyan-in-the-heights-20210610-elvljdtnd5bunegtkuzv3aql2y-story.html; and "How the Eugene O'Neill Theater Center Gave Birth to *In the Heights*," *Playbill*, November 24, 2016, playbill.com/article/how-the-eugene-oneill-theater-center-gave-birth-to-in-the-heights.

16　Norma J. Roberts, ed., *The American Collections: Columbus Museum of Art* (Columbus, OH: Columbus Museum of Art, 1988), 76, archive.org/details/americancollecti0000colu/page/76/mode/2up.

17　Alfred Stieglitz to Sherwood Anderson, August 7, 1924, Alfred Stieglitz/Georgia O'Keeffe Archive, Yale Collection of American Literature, Beinecke Rare Book and Manuscript Library, Yale University, box 2, folder 29, quoted in "Lake George," Alfred Stieglitz Collection, Art Institute of Chicago, archive.artic.edu/stieglitz/lake-george.

18　欧姬芙在乔治湖时的信息，包括"这是她职业生涯中最多产的时期"的论断，均出自"Georgia O'Keeffe's Lake George Connection," lakegeorge.com, lakegeorge.com/history/georgia-okeeffe。有关乔治湖时期的更多详情，包括从豪宅搬到农舍的具体时间、欧姬芙工作室的名称以及她的晨间作息，参见 Molly Walsh, "O'Keeffe's Footsteps in Lake George Are Nearly Erased," *Seven Days*, June 24, 2015, sevendaysvt.com/vermont/okeeffes-footsteps-in-lake-george-are-nearly erased/Content?oid=2684054。

19　最近，他将用户名改为了 @ZaidLeppelin。

20 James Tapper, "Quiet Quitting: Why Doing the Bare Minimum at Work Has Gone Global," *The Guardian*, August 6, 2022, theguardian.com/money/2022/aug/06/quiet-quitting-why-doing-the-bare-minimum-at-work-has-gone-global.

21 Alyson Krueger, "Who Is Quiet Quitting For?," *New York Times*, August 23, 2022, nytimes.com/2022/08/23/style/quiet-quitting-tiktok.html.

22 Amina Kilpatrick, "What Is 'Quiet Quitting,' and How It May Be a Misnomer for Setting Boundaries at Work," NPR, August 19, 2022, npr.org/2022/08/19/1117753535/quiet-quitting-work-tiktok.

23 Goh Chiew Tong, "Is 'Quiet Quitting' a Good Idea? Here's What Workplace Experts Say," NPR, August 30, 2022, cnbc.com/2022/08/30/is-quiet-quitting-a-good-idea-heres-what-workplace-experts-say.html.

24 对这个话题感兴趣的读者，可以参见2022年12月我在《纽约客》上发表的一篇文章。我在文中对躺平运动进行了更详细的解构，解析了这场运动的意义及其重要性：Cal Newport, "The Year in Quiet Quitting," *New Yorker*, December 29, 2022, newyorker.com/culture/2022-in-review/the-year-in-quiet-quitting。

25 伊恩·弗莱明和黄金眼的详情，参见 Matthew Parker, *Goldeneye* (New York: Pegasus Books, 2015)。帕特里克·莱斯·弗莫尔对这栋庄园的描述经常被人引用。例如，golden eye.com/the-story-of-goldeneye 和 Robin Hanbury Tenison, "The Friendly Isles: In the Footsteps of Patrick Leigh Fermor," patrickleighfermor.org/2010/04/20/the-friendly-isles-in-the-footsteps-of patrick-leigh-fermor-by-robin-hanbury-tenison。

26 Cal Newport, *So Good They Can't Ignore You* (New York: Grand Central, 2012), 126.

27 "How We Work," in *37 signals Employee Handbook*, chap. 9, basecamp.com/handbook/09-how-we-work.

28 网上可以找到1959年这段访谈的片段：Jack Kerouac, interview by Steve Allen, "JACK KEROUAC on THE STEVE ALLEN SHOW with Steve Allen 1959," Historic Films Stock Footage Archive, posted January 12, 2015,

YouTube, 6:51, youtube.com/watch?v=3LLpNKo09Xk。

29 *All Things Considered*, "Jack Kerouac's Famous Scroll, 'On the Road' Again," hosted by Melissa Block and Robert Siegel, aired July 5, 2007 on NPR, npr.org/transcripts/11709924.

30 "Jack Kerouac's Famous Scroll."

31 Mary Oliver, interview by Krista Tippett, "I Got Saved by the Beauty of the World," February 5, 2015, in *On Being*, podcast, NPR, 49:42, onbeing.org/programs/mary-oliver-i-got-saved-by-the-beauty-of-the-world.

32 下面这篇文章对《空间的诗学》进行了精妙的概括与品评，我引用的这句话也出自这里：Tulika Bahadur, "The Poetics of Space," On *Art and Aesthetics*, October 5, 2016, onart andaesthetics.com/2016/10/05/the-poetics-of-space。

33 Mead, "All about the Hamiltons."

34 "Neil Gaiman's Writing Shed," Well-Appointed Desk, July 8, 2014, wellappointeddesk.com/2014/07/neil-gaimans-writing-shed.

35 Sarah Lyall, "The World according to Dan Brown," *New York Times*, September 30, 2017, nytimes.com/2017/09/30/books/dan-brownorigin.html.

36 Francis Ford Coppola, director's commentary, *The Conversation*, special ed. DVD, directed by Francis Ford Coppola (Hollywood, CA: Paramount Pictures, 2000).

37 John McPhee, "Tabula Rasa: Volume Two," *New Yorker*, April 12, 2021, newyorker.com/magazine/2021/04/19/tabula-rasa-volumetwo.

38 本节中的许多故事和所有引文均出自我以前就这一主题写的一篇文章：Cal Newport, "What If Remote Work Didn't Mean Working from Home?," *New Yorker*, May 21, 2021, new yorker.com/culture/cultural-comment/remote-work-not-from-home。

39 Karen Armstrong, *The Case for God* (New York and Toronto: Knopf, 2009), 54.

40 Armstrong, *Case for God*, 56.

41 Armstrong, *Case for God*, 56.

42 Mason Currey, *Daily Rituals: How Artists Work* (New York: Knopf, 2013), 121.

43 Currey, *Daily Rituals*, 177.

44 Currey, *Daily Rituals*, 216.

45 Currey, *Daily Rituals*, 49–50.

第五章　执着追求质量

1 耐人寻味的是，20世纪90年代轰动歌坛的女歌手中，不是只有珠儿才小小年纪就随父母长期在酒吧演出。2022年的纪录片《仙妮亚·唐恩：不仅仅是一个乡村女孩》也披露，仙妮亚·唐恩自幼便随母亲在酒吧里唱歌，学习演唱技巧。这部纪录片显示，为了逃避法律规定，唐恩有时不得不熬夜等着酒吧打烊，参加之后的余兴演出，因为她年纪太小，不能在营业时间进入饮酒场所。

2 Jewel, *Never Broken: Songs Are Only Half the Story* (New York: Blue Rider Press, 2016), 21.

3 Jewel, interview by Joe Rogan, "Jewel Turned Down $1 Million Record Deal When She Was Homeless," October 25, 2021, in *The Joe Rogan Experience*, podcast, 3:06, youtube.com/watch?v=DTGtC7FC4oI (hereafter referred to as *JRE* 1724).

4 *JRE* 1724, 5:25.

5 *JRE* 1724, 9:30.

6 *JRE* 1724, 12:38.

7 *JRE* 1724, 13:20.

8 *JRE* 1724, 14:00.

9 参见珠儿的访谈，比如 Taylor Dunn, "Why Jewel Says She Turned Down a Million-Dollar Signing Bonus When She Was Homeless," ABC News, abcnews.go.com/Business/jewel-talks-human-growing-career-slowly/story?id=46598431。

10 Jewel, interview by Hrishikesh Hirway, "Jewel—You Were Meant for ME," episode 198, *Song Exploder*, podcast, 17:58, transcript available at songexploder.net/transcripts/jewel-transcript.pdf.

11 Jewel, *Never Broken*, 173.

12 Jewel, *Never Broken*, 177.
13 Jewel, *Never Broken*, 230.
14 Jewel, *Never Broken*, 231.
15 Jason Fell, "How Steve Jobs Saved Apple," NBC News, October 30, 2011, nbcnews.com/id/wbna45095399.
16 Jason Fell, "How Steve Jobs Saved Apple," *Entrepreneur*, October 27, 2011, entrepreneur.com/growing-a-business/how-steve-jobs-saved-apple/220604.
17 Jewel, *Never Broken*, 270.
18 Paul Jarvis, "Working Remotely on an Island: A Day in the Life of a Company of One," Penguin UK, penguin.co.uk/articles/2019/04/working-remotely-on-an-island-company-of-one-paul-jarvis.
19 Cameron McCool, "Entrepreneur on the Island: A Conversation with Paul Jarvis," *Bench* (blog), June 3, 2016, bench.co/blog/smallbusiness-stories/paul-jarvis.
20 McCool, "Entrepreneur on the Island."
21 Jarvis, "Working Remotely on an Island."
22 Ira Glass, "Ira Glass on Storytelling 3," posted July 11, 2009, warphotography, YouTube, 5:20, youtube.com/watch?v=X2wLP0izeJE.
23 Anne Lamott, *Bird by Bird: Some Instructions on Writing and Life* (New York: Anchor, 1994; rpt. 2019), 8.
24 该片段的详情，参见 V. Renée, "Here's What the First 3 Minutes of 'Boogie Nights' Can Teach You about Shot Economy," No Film School, September 26, 2016, nofilmschool.com/2016/09/heres-what-first-3-minutes-boogie-nights-can-teach-you-about-shot-economy。
25 Ira Glass, interview by Michael Lewis, "Other People's Money: Ira Glass on Finding Your Voice," March 1, 2022, in *Against the Rules*, podcast, 26:46, pushkin.fm/podcasts/against-the-rules/other-peoples-money-ira-glass-on-finding-your-voice.
26 我写这章的时候是 2022 年，最近一次颁奖是 2021 年。在 2021 年的五位入围者中，唯有阿芙尼·多西（Avni Doshi）和创意写作艺术硕士毫无瓜葛。

事实上，她没有参加过类似的课程反而很稀奇，还有报道专门提及了这一点，如 Sana Goyal, " 'The Shape of This Moment': In Conversation with Avni Doshi," *The Margins*, Asian American Writers' Workshop, April 21, 2021, aaww.org/the-shape-of-this moment-in-conversation-with-avni-doshi。

27 Vashi Nedomansky, "The Editing of MAD MAX: Fury Road," VashiVisuals, May 30, 2015, vashivisuals.com/the-editing-of-mad-max-fury-road.

28 Raymond Edwards, *Tolkien* (Ramsbury, UK: Robert Hale, 2020), 165–67.

29 Edwards, *Tolkien*.

30 关于这场争夺战，可以参阅下面这篇文章，文中还包含了格拉汉姆笔记中的一些精美图片：Seth Shulman, "The Telephone Gambit: Chasing Alexander Graham Bell's Secret," *Patently-O* (blog), January 10, 2008, patentlyo.com/patent/2008/01/the-telephone-g.html。

31 Clifford Williamson, "1966: The Beatles' Tumultuous World Tour," History Extra, June 1, 2017, historyextra.com/period/20th-century/1966-the-beatles-tumultuous-world-tour.

32 Mark Lewisohn, *The Complete Beatles Chronicle: The Definitive DaybyDay Guide to the Beatles' Entire Career* (Chicago: Chicago Review Press, 1992; rpt. 2010), 211.

33 Williamson, "1966: The Beatles' Tumultuous World Tour."

34 Williamson, "1966: The Beatles' Tumultuous World Tour."

35 Williamson, "1966: The Beatles' Tumultuous World Tour." For more on the 1966 *Evening Standard* crisis, see Lewisohn, The Complete Beatles Chronicle.

36 Jon Pareles, "Pop View; At Age 20, Sgt. Pepper Marches On," *New York Times*, May 31, 1987, nytimes.com/1987/05/31/arts/pop-view-at-age-20-sgt-pepper-marches-on.html.

37 Pareles, "Pop View; At Age 20, Sgt. Pepper Marches On."

38 Morgan Greenwald, "19 Celebrities Who Got Their Start on 'Star Search,' " *Best Life*, September 16, 2020, bestlifeonline.com/star-

search-celebrities.
39 艾拉妮丝·莫莉塞特早期职业生涯的详情，源自艾莉森·克莱曼（Alison Klayman）执导的《崎岖不平》（HBO Documentary Films, 2021）。
40 Jean-Francois Méan, "Interview with Scott Welch, Manager for Alanis Morissette," *HitQuarters*, August 6, 2002, web.archive.org/web/20120609212424/http://www.hitquarters.com/index.php3?page=intrview%2Fopar%2Fintrview_SWelch.html.
41 Lyndsey Parker, "Glen Ballard Recalls Making Alanis Morissette's 'Jagged Little Pill,' 25 Years Later: 'I Was Just Hoping That Someone Would Hear It,'" *Yahoo!Entertainment*, September 25, 2020, yahoo.com/entertainment/glen-ballard-recalls-making-alanis-morissettes-jagged-little-pill-25-years-later-i-was-just-hoping-that-someone-would-hear-it-233222384.html.
42 "The Story of Twilight and Getting Published," Stephenie Meyer, stepheniemeyer.com/the-story-of-twilight-getting-published, accessed December 2022.
43 Michael Carlson, "Clive Cussler Obituary," *The Guardian*, February 27, 2020, theguardian.com/books/2020/feb/27/clive-cussler-obituary.
44 John Noble Wilford, "For Michael Crichton, Medicine Is for Writing," *New York Times*, June 15, 1970, nytimes.com/1970/06/15/archives/for-michael-crichton-medicine-is-for-writing.html.
45 Nicholas Wroe, "A Life in Writing: John Grisham," *The Guardian*, November 25, 2011, theguardian.com/culture/2011/nov/25/john-grisham-life-in-writing.
46 Carlson, "Clive Cussler Obituary."
47 电影版权竞标详情，源自 *Los Angeles Times*, July 17, 1993, latimes.com/archives/la-xpm-1993-07-17-mn-14067-story.html。
48 "Assault on Precinct 13," BAMPFA, bampfa.org/event/assault-precinct-13.
49 "Behind the Scenes: Halloween," Wayback Machine Internet Archive, web.archive.org/web/20061220013740/http://halloweenmovies.com/filmarchive/h1bts.htm.

50 "Behind the Scenes: Halloween."
51 "Halloween," Box Office Mojo, IMDbPro, boxofficemojo.com/release/rl1342342657, accessed December 2022.

结语

1 John McPhee, *Draft No. 4: On the Writing Process* (New York: Farrar, Straus and Giroux, 2018), 35.
2 McPhee, *Draft No. 4*, 37.
3 McPhee, *Draft No. 4*, 25.
4 McPhee, *Draft No. 4*, 35–37.
5 McPhee, *Draft No. 4*, 21.
6 McPhee, *Draft No. 4*, 35–36.
7 John McPhee, interview by Peter Hessler, "John McPhee, the Art of Nonfiction No. 3," *Paris Review*, Spring 2010, theparisreview.org/interviews/5997/the-art-of-nonfiction-no-3-john-mcphee.